Denis Diderot

Salon de 1761

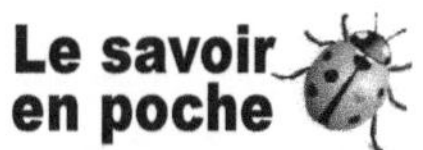

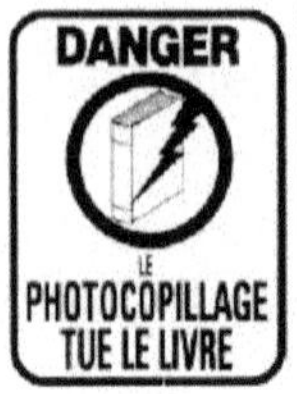

ISBN : 978-1546937883

10 9 8 7 6 5 4 3 2 1

Denis Diderot

Salon de 1761

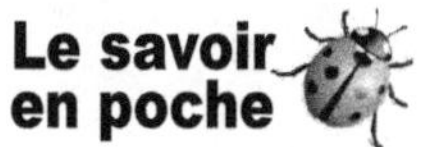

Table de Matières

Salon de 1761

À MON AMI MONSIEUR GRIMM.

Voici, mon ami, les idées qui m'ont passé par la tête à la vue des tableaux qu'on a exposés cette année au Salon. Je les jette sur le papier, sans me soucier ni de les trier ni de les écrire. Il y en aura de vraies, il y en aura de fausses. Tantôt vous me trouverez trop sévère, tantôt trop indulgent. Je condamnerai peut-être où vous approuveriez ; je ferai grâce où vous condamneriez ; vous exigerez encore où je serai content. Peu m'importe. La seule chose que j'ai à cœur, c'est de vous épargner quelques instants que vous emploierez mieux, dussiez-vous les passer au milieu de vos canards et de vos dindons [1].

LOUIS-MICHEL VAN LOO.

Le premier tableau qui m'ait arrêté est le *Portrait du Roi* [2]. Il est beau, bien peint, et on le dit très-ressemblant. Le peintre a placé le monarque debout, sur une estrade. Il passe. Il a la tête nue. Sa longue chevelure descend en boucles sur ses épaules. Il est vêtu du grand habit de cérémonie. Sa main droite est appuyée sur le bâton royal. Il tient, de la gauche, un chapeau chargé de plumes. Le manteau royal qui couvre sa poitrine et ses épaules, descendant entre le fond du tableau et ses jambes, qu'on voit depuis le milieu de la cuisse, achève de détacher ces parties de la toile, et celles-ci entraînent les autres. Seulement ce volume d'hermine qui bouffe tout autour du haut de la figure la rend un peu courte ; et cette espèce de vêtement lui donne moins la majesté d'un roi que la dignité d'un président au parlement.

M. DUMONT LE ROMAIN [3].

Tous savez que je n'ai jamais approuvé le mélange des êtres réels et des êtres allégoriques, et le tableau qui a pour sujet *la Publication de la Paix en 1749* [4] ne m'a pas fait changer d'avis. Les êtres réels perdent de leur vérité à côté des êtres allégoriques, et ceux-ci jettent toujours quelque obscurité dans la composition. Le morceau dont il s'agit n'est pas sans effet. Il est peint avec hardiesse et force. C'est certainement l'ouvrage d'un maître. Toutes les figures allégoriques sont d'un côté, et tous les personnages réels de l'autre. À gauche de celui qui regarde, la Paix qui descend du ciel, et qui présente au roi, habillé à l'antique, une branche d'olivier, qu'il reçoit, et qu'il remet à la femme symbolique de la Ville de Paris : d'un côté, la Générosité qui verse des dons ; de l'autre, un Génie armé d'un glaive qui menace la Discorde terrassée sous les pieds du monarque ; les rivières de Seine et de Marne étonnées et satisfaites. À droite, le prévôt des marchands et les échevins en longues robes, en rabats et en perruques volumineuses, avec des mines d'une largeur et d'un ignoble qu'il faut voir. On prendrait au premier coup d'œil le monarque pour Thésée qui revient victorieux du Minotaure, ou plutôt pour Bacchus qui revient de la conquête de l'Inde ; car il a l'air un peu ivre. La figure symbolique de la Ville est simple, noble, d'un beau caractère, bien drapée, bien disposée ; mais elle est du siècle de Jules César ou de Julien. Le contraste de ces figures antiques et modernes ferait croire que le tableau est un composé de deux pièces rapportées, l'une d'aujourd'hui, et l'autre qui fut peinte il y a quelque mille ans. Et l'abbé Galiani vous séparerait cela avec des ciseaux qui laisseraient d'un côté tout le plat et tout le ridicule, et de l'autre tout l'antique qui serait supportable et que chacun interpréterait à sa fantaisie ; on trouverait cent traits de l'histoire grecque ou romaine auxquels cela reviendrait. Le peintre a eu une idée forte, mais il n'a pas su en tirer parti. Il a élevé son héros sur le corps même de la Discorde, dont les cuisses sont foulées par les pieds de cette figure ; mais après avoir appuyé un des pieds sur les cuisses, pourquoi l'autre n'a-t-il pas pressé la poitrine ? Pourquoi cette action n'écrase-t-elle pas la Discorde, ne lui tient-elle pas la bouche entr'ouverte, ne lui fait-elle pas sortir les yeux de la tête, ne me la montre-t-elle pas prête à être étouffée ? Comme elle est libre de la tête, des bras et de tout le haut de son corps, si elle s'avisait de se secouer avec violence, elle renverserait le monarque, et mettrait les dieux, les échevins et le peuple en désordre. En vérité, la figure symbolique de la capitale est une belle figure. Voyez-la. J'espère que vous serez aussi satisfait de la Générosité, de la Paix, et des Fleuves.

CARLE VAN LOO.

Quoi qu'en dise le charmant abbé, *la Madeleine dans le désert* [5] n'est qu'un tableau très-agréable. C'est bien la faute du peintre, qui pouvait avec peu de chose le rendre sublime ; mais c'est que ce Carle Van Loo, quoique grand artiste d'ailleurs, n'a point de génie. La Madeleine est assise sur un bout de sa natte ; sa tête renversée appuie contre le rocher ; elle a les yeux tournés vers le ciel ; ses regards semblent y chercher son Dieu. À sa droite est une croix faite de deux branches d'arbre ; à sa gauche sa natte roulée, et l'entrée d'une petite caverne. Il y a du goût dans toutes ces choses, et surtout dans le vêtement violet de la pénitente ; mais tous ces objets sont peints d'une touche trop douce et trop uniforme. On ne sait si les rochers sont de la vapeur ou de la pierre couverte de mousse. Combien la sainte n'en serait-elle pas plus intéressante et plus pathétique, si la solitude, le silence et l'horreur du désert étaient dans le local ? Cette pelouse est trop verte ; cette herbe trop molle ; cette caverne est plutôt l'asile de deux amants heureux que la retraite d'une femme affligée et pénitente. Belle sainte, venez ; entrons dans cette grotte, et là nous nous rappellerons peut-être quelques moments de votre première vie. Sa tête ne se détache pas assez du fond ; ce bras gauche est vrai, je le crois ; mais la position de la figure le fait paraître petit et maigre. J'ai été tenté de trouver les cuisses et les jambes un peu trop fortes. Si l'on eût rendu la caverne sauvage, et qu'on l'eût couverte d'arbustes, vous conviendrez qu'on n'aurait pas eu besoin de ces deux mauvaises têtes de chérubin qui empêchent que la Madeleine ne soit seule. Ne feraient-elles que cet effet, elles seraient bien mauvaises.

Il y a longtemps que le tableau de notre amie madame Geoffrin, connu sous le nom de *la Lecture* [6], est jugé pour vous. Pour moi, je trouve que les deux jeunes filles, charmantes à la vérité et d'une physionomie douce et fine, se ressemblent trop d'action, de figure et d'âge. Le jeune homme qui lit a l'air un peu benêt ; on le prendrait pour un robin en habit de masque. Et puis il a la mâchoire épaisse. Il me fallait là une de ces têtes plus rondes qu'ovales, de ces mines vives et animées. On dit que la petite fille qui est à côté de la gouvernante, et qui s'amuse à faire voler un oiseau qu'elle a lié par la patte, est un peu longue ; elle est, à mon gré, un peu trop près de cette femme ; ce qui la fait paraître plaquée contre elle. Quant à la gouvernante qui examine l'impression de la lecture sur ses jeunes élèves, et à qui Van Loo a donné l'air et les traits de sa femme, elle est à merveille : seulement j'aimerais mieux que son attention n'eût pas suspendu son travail. Ces femmes ont tant d'habitude d'épier et de coudre en même temps, que l'un n'empêche pas l'autre. Au reste, malgré les petits défauts que je reprends dans le tableau de la Madeleine et dans celui-ci, ce sont deux morceaux rares. Rien à redire, ni au dessin, ni à la couleur, ni à la disposition des objets. Tout ce que l'art, porté à un haut degré de perfection, peut mettre dans un tableau, y est. La différence qu'il y a entre la *Madeleine* du Corrège et celle de Van Loo, c'est qu'on s'approche tout doucement par derrière la Madeleine du Corrège, qu'on se baisse sans faire le moindre bruit, et qu'on prend le bas de son habit de pénitente seulement pour voir si les formes sont aussi belles là-dessous qu'elles se dessinent au dehors ; au lieu qu'on ne forme nulle entreprise sur celle de Van Loo. La première a bien encore une autre grandeur, une autre tête, une autre noblesse, et cela sans que la volupté y perde rien.

C'est un joli sujet que la *Première Offrande à l'Amour* [7]. Ce devrait être un madrigal en peinture ; mais le maudit peintre, toujours peintre et jamais homme sensible, homme délicat, homme d'esprit, n'y a rien mis, ni expression, ni grâces, ni timidité, ni crainte, ni pudeur, ni ingénuité ; on ne sait ce que c'est. Il faut convenir que rendre l'idée de la première guirlande, du premier sacrifice, du premier soupir amoureux, du premier désir d'un cœur jusqu'alors innocent, n'était pas une chose facile : Falconet ou Boucher s'en seraient peut-être tirés.

L'Amour menaçant [8] est une seule figure debout, vue de face ; un enfant qui tient un arc tendu et armé de sa flèche, toujours dirigée vers celui qui le regarde, il n'y a aucun point où il soit en sûreté. Le peuple fait grand cas de cette idée du peintre ; c'est une misère à mon sens. Il a fallu que le milieu de l'arc répondît au milieu de la poitrine de la figure. La corde s'est projetée sur le bois de l'arc, la corde et le bois ensemble sur l'enfant ; et toute la longueur de la flèche s'est réduite à un petit morceau de fer luisant qu'on reconnaît à peine ; et puis, toute la position est fausse. Quiconque veut décocher une flèche, prend son arc de la main gauche, étend ce bras, place sa flèche, saisit la corde et la flèche de la main droite, les tire à lui de toute sa force, avance une jambe en avant et recule en arrière, s'efface le corps un peu sur un côté, se penche vers l'endroit qu'il menace, et se déploie dans toute sa longueur. Alors tout s'aperçoit, tout prend sa juste mesure ; la figure a un air d'activité, de force et de menace, et la flèche est une flèche, et non un morceau de fer de quelques lignes. Au reste je ne sais, mon ami, si vous aurez remarqué que les peintres n'ont pas la même liberté que les poètes dans l'usage des flèches de l'Amour. En poésie, ces flèches partent, atteignent et blessent ; cela ne se peut en peinture. Dans un tableau, l'Amour peut menacer de sa flèche, mais il ne la peut jamais lancer sans produire un mauvais effet. Ici le physique répugne ; on oublie l'allégorie, et ce n'est plus un homme percé d'une métaphore, mais un homme percé d'un trait réel qu'on aperçoit. La première fois que vous rencontrerez sous vos yeux la *Saison* de l'Albane, où ce peintre a fait descendre Jupiter dans les antres de Vulcain, au milieu des Amours qui forgent des traits, et que vous verrez ce dieu blessé au milieu du corps d'un de ces traits, par un petit Amour insolent, vous me direz l'effet que vous éprouverez à l'aspect de cette flèche à demi enfoncée dans le corps, et dont le bois paraît à l'extérieur. Je suis sûr que vous en serez mécontent.

Il y a encore de Carle Van Loo deux tableaux représentant des jeux d'enfants, que je néglige, parce que je ne finirais point s'il fallait vous parler de tous.

PASTORALES ET PAYSAGES DE BOUCHER [9].

Quelles couleurs ! quelle variété ! quelle richesse d'objets et d'idées ! Cet homme a tout, excepté la vérité. Il n'y a aucune partie de ses compositions qui, séparée des autres, ne vous plaise ; l'ensemble même vous séduit. On se demande : Mais où a-t-on vu des bergers vêtus avec cette élégance et ce luxe ? Quel sujet a jamais rassemblé dans un même endroit, en pleine campagne, sous les arches d'un pont, loin de toute habitation, des femmes, des hommes, des enfants, des bœufs, des vaches, des moutons, des chiens, des bottes de paille, de l'eau, du feu, une lanterne, des réchauds, des cruches, des chaudrons ? Que fait là cette femme charmante, si bien vêtue, si propre, si voluptueuse ? et ces enfants qui jouent et qui dorment, sont-ce les siens ? et cet homme qui porte du feu qu'il va renverser sur sa tête, est-ce son époux ? que veut-il faire de ces charbons allumés ? où les a-t-il pris ? Quel tapage d'objets disparates ! On en sent toute l'absurdité ; avec tout cela on ne saurait quitter le tableau. Il vous attache. On y revient. C'est un vice si agréable, c'est une extravagance si inimitable et si rare ! Il y a tant d'imagination, d'effet, de magie et de facilité !

Quand on a longtemps regardé un paysage tel que celui que nous venons d'ébaucher, on croit avoir tout vu. On se trompe ; on y retrouve une infinité de choses d'un prix !… Personne n'entend connue Boucher l'art de la lumière et des ombres. Il est fait pour tourner la tête à deux sortes de personnes, les gens du monde et les artistes. Son élégance, sa mignardise, sa galanterie romanesque, sa coquetterie, son goût, sa facilité, sa variété, son éclat, ses carnations fardées, sa débauche, doivent captiver les petits-maîtres, les petites femmes, les jeunes gens, les gens du monde, la foule de ceux qui sont étrangers au vrai goût, à la vérité, aux idées justes, à la sévérité de l'art. Comment résisteraient-ils au saillant, aux pompons, aux nudités, au libertinage, à l'épigramme de Boucher ? Les artistes qui voient jusqu'à quel point cet homme a surmonté les difficultés de la peinture, et pour qui c'est tout que ce mérite qui n'est guère bien connu que d'eux, fléchissent le genou devant lui ; c'est leur dieu. Les gens d'un grand goût, d'un goût sévère et antique, n'en font nul cas. Au reste, ce peintre est à peu près en peinture ce que l'Arioste est en poésie. Celui qui est enchanté de l'un est inconséquent s'il n'est pas fou de l'autre. Ils ont, ce me semble, la même imagination, le même goût, le même style, le même coloris. Boucher a un faire qui lui appartient tellement, que dans quelque morceau de peinture qu'on lui donnât une figure à exécuter, on la reconnaîtrait sur-le-champ.

M. PIERRE [10].

Il y a de M. Pierre une *Descente de Croix* [11], une *Fuite en Égypte* [12], la *Décollation de saint Jean-Baptiste* [13], et le *Jugement de Pâris* [14] Je ne sais ce que cet homme devient. Il est riche ; il a eu de l'éducation ; il a fait le voyage de Rome ; on dit qu'il a de l'esprit ; rien ne le presse de finir un ouvrage : d'où vient donc la médiocrité de presque toutes ses compositions ?

Mais je passais le *Songe de saint Joseph* [15], tableau de Jeaurat. C'est que ce Songe de saint Joseph n'est autre chose qu'un homme qui s'est endormi, la tête au-dessous des pieds d'un ange. Si vous y voyez davantage, à la bonne heure.

Pierre, mon ami, votre Christ, avec sa tête livide et pourrie, est un noyé qui a séjourné quinze jours au moins dans les filets de Saint-Cloud. Qu'il est bas ! qu'il est ignoble ! Pour vos femmes et le reste de votre composition, je conviens qu'il y a de la beauté, du caractère, de l'expression, de la sévérité de couleur ; mais mettez la main sur la conscience, et rendez gloire à la vérité. Votre *Descente de Croix* n'est-elle pas une imitation de celle du Carrache, qui est au Palais-Royal, et que vous connaissez bien ? Il y a dans le tableau du Carrache une mère du Christ assise, et dans le vôtre aussi. Cette mère se meurt de douleur dans Carrache, et chez vous aussi. Cette douleur attache toute l'action des autres personnages du Carrache, et des vôtres. La tête de son fils est posée sur ses genoux dans le Carrache, et dans notre ami M. Pierre. Les femmes du Carrache sont effrayées du péril de cette mère expirante, et les vôtres aussi. Le Carrache a placé sur le fond une sainte Anne qui s'élance vers sa fille, en poussant les cris les plus aigus, avec un visage où les traces de la longue douleur se confondent avec celles du désespoir. Vous n'avez pas osé copier votre maître jusque-là ; mais vous avez mis sur le fond de votre tableau un homme qui doit faire le même effet ; avec cette différence que votre Christ, comme je l'ai déjà dit, a l'air d'un noyé ou d'un supplicié, et que celui du Carrache est plein de noblesse. Que votre Vierge est froide et contournée en comparaison de celle du Carrache ! Voyez dans son tableau l'action de cette main immobile posée sur la poitrine de son fils, ce visage tiré, cet air de pâmoison, cette bouche entr'ouverte, ces yeux fermés ; et cette sainte Anne, qu'en dites-vous ? Sachez, monsieur Pierre, qu'il ne faut pas copier, ou copier mieux ; et de quelque manière qu'on fasse, il ne faut pas médire de ses modèles.

La *Fuite en Égypte* est traitée d'une manière piquante et neuve ; mais le peintre n'a pas su tirer parti de son idée. La Vierge passe sur le fond du tableau, portant entre ses bras l'enfant Jésus. Elle est suivie de Joseph et de l'âne qui porte le bagage. Sur le devant sont des pâtres prosternés, les mains tournées de son côté et lui souhaitant un heureux voyage. Le beau tableau, si le peintre avait su faire des montagnes au pied desquelles la Vierge eût passé ; s'il eût su faire ces montagnes bien droites, bien escarpées et bien majestueuses ; s'il eût su les couvrir de mousse et d'arbustes sauvages ; s'il eût su donner à sa Vierge de la simplicité, de la beauté, de la grandeur, de la noblesse ; si le chemin qu'elle eût suivi eût conduit dans les sentiers de quelque forêt bien solitaire et bien détournée ; s'il eût pris son moment au point du jour ou à sa chute ! Mais rien de tout cela. C'est qu'il n'a pas senti la richesse de son idée. C'est un tableau à refaire, et le sujet en vaut la peine.

La *Décollation de saint Jean,* encore pauvre production. Le corps du saint est à terre. L'exécuteur tient le couteau avec lequel il a tranché la tête ; il montre cette tête à Hérodiade. Cette tête est livide, comme s'il y avait plusieurs jours d'écoulés depuis l'exécution ; il n'en tombe pas une goutte de sang. La jeune fille qui tient le plat sur lequel elle sera posée, détourne la tête en tendant le plat : cela est bien ; mais l'Hérodiade paraît frappée d'horreur : ce n'est pas cela. Il faut d'abord qu'elle soit belle, mais de cette sorte de beauté qui s'allie avec la cruauté, avec la tranquillité et la joie féroce. Ne voyez-vous pas que ce mouvement d'horreur l'excuse, qu'il est faux, et qu'il rend votre composition froide et commune ? Voici le discours qu'il fallait me faire lire sur le visage d'Hérodiade : « Prêche à présent ; appelle-moi adultère à présent : tu as enfin obtenu le prix de ton insolence. » Le peintre n'a pas senti l'effet du sang qui eût coulé le long du bras de l'exécuteur, et arrosé le cadavre même. Mais je l'entends qui me répond : « Eh ! qui est-ce qui eût osé regarder cela ? » J'aime bien les tableaux de ce genre dont on détourne la vue, pourvu que ce soit d'horreur, et non de dégoût. Qu'y a-t-il de plus horrible que l'action et le sang-froid de la *Judith* de Rubens ? Elle tient le sabre, et elle l'enfonce tranquillement dans la gorge d'Holopherne !

Et que fera le roi de Prusse de ce mauvais *Jugement de Pâris* ? Qu'est-ce que ce Pâris ? Est-ce un pâtre ? Est-ce un galant ? Donne-t-il, refuse-t-il la pomme ? Le moment est mal choisi. Pâris a jugé. Déjà une des déesses, perdue dans les nues, est hors de la scène ; l'autre, retirée dans un coin, est de mauvaise humeur. Vénus, tout entière à son triomphe, oublie ce qui se passe à côté d'elle, et Pâris n'y pense pas davantage. Voilà trois groupes que rien ne lie. Vous avez raison de dire qu'il y a dans ce tableau de quoi découper trois beaux éventails. C'est que c'est une grande affaire que de remplir une toile de vingt et un pieds de large sur quatorze de haut ; c'est que la composition n'est pas la partie brillante de nos artistes ; c'est, comme je crois vous l'avoir déjà dit, que tout l'effet d'un pareil tableau dépend du paysage, du moment du jour et de la solitude. Si les déesses viennent déposer leurs vêtements pour exposer leurs charmes les plus secrets aux yeux d'un mortel, c'est sans doute dans un endroit de la terre écarté. Que la scène se passe donc au bout de l'univers ; que l'horizon soit caché de tous côtés par de hautes montagnes ; que tout annonce l'éloignement des regards indiscrets ; que de nombreux troupeaux paissent dans la prairie et sur les coteaux ; que le taureau poursuive en mugissant la génisse ; que deux béliers se menacent de la corne pour une brebis qui paît tranquillement auprès ; qu'un bouc jouisse à l'écart d'une chèvre ; que tout ressente la présence de Vénus, et m'inspire la corruption du juge : tout, excepté le chien de Pâris, que je ferai dormir à ses pieds. Que Pâris me paraisse un pâtre important ; qu'il soit jeune, vigoureux et d'une beauté rustique ; qu'il soit assis sur un bout de rocher ; que de vieux arbres qui ont pris racine sur ce rocher et qui le couronnent, entrelacent leurs branches touffues au-dessus de sa tête ; que le soleil penche vers son couchant ; que ses rayons, dorant le sommet des montagnes et la sommité des arbres, viennent éclairer pour un moment encore le lieu de la scène. Que les trois déesses soient en présence de Pâris ; que Vénus semble de préférence arrêter ses regards ; qu'elles soient toutes les trois si belles, que je ne sache moi-même à qui accorder la pomme ; que chacune ait sa beauté particulière ; qu'elles soient toutes nues ; que Vénus ait seulement son ceste, Pallas son casque, Junon son bandeau. Point de vêtement qu'autant qu'il sert à désigner ; et si le peintre pouvait s'en passer tout à fait je ne l'estimerais que davantage. Point d'Amour qui décoche un trait, ou qui écarte adroitement un voile ; ces idées sont trop petites. Point de Grâces, les Grâces étaient à la toilette de Vénus ; mais elles n'ont point accompagné la déesse. D'ailleurs le secours de l'Amour et des Grâces en affaiblirait d'autant la victoire de Vénus ; c'est la pauvreté d'idées qui fait employer ces faux accessoires. Que Pâris tienne la pomme, mais qu'il ne l'offre pas ; qu'il soit dans l'ombre ; que la lumière qui vient d'en haut arrive sur les déesses diversement rompue par les arbres pénétrés par les rayons du soleil ; qu'elle se partage sur elles et les éclaire diversement ; que le peintre s'en serve pour faire sortir tout l'éclat de Vénus. Vénus ne redoute pas la lumière. Après Vénus, Junon est la moins pudique des trois déesses. J'aimerais assez qu'on ne vît Minerve que par le dos, et qu'elle fût la moins éclairée. Que tout particulièrement annonce un grand silence, une profonde solitude et la chute du jour. Voilà, mes amis, ce qu'il faut savoir imaginer et exécuter, quand on se propose un pareil sujet. En se passant de ces choses, on ne fait qu'un mauvais tableau. Je n'ai parlé ici que de l'ordonnance, du site, du paysage, du local ; mais qui est-ce qui imaginera le caractère et la tête de Pâris ? Qui est-ce qui donnera aux déesses leurs vraies physionomies ? Qui est-ce qui me montrera leurs perplexités et celle du juge ? En un mot, qui est-ce qui donnera l'âme à la scène ? Ce ne sera ni moi ni M. Pierre. Sans le charme du paysage, avec quelque succès qu'on se tire des figures, on ne réussira qu'à moitié ; sans les figures et leurs caractères bien pris, sans l'âme, quel que soit le charme du paysage, on n'aura qu'un petit succès : il faut réunir les deux conditions.

NATTIER.

Le *Portrait de feu Madame Infante* [16] en habit de chasse est détestable. Cet homme-là n'a donc point d'ami qui lui dise la vérité ?

M. HALLÉ.

Il n'y a pas, à mon gré, un morceau de M. le professeur Hallé qui vaille.

Les Génies de la Poésie, de l'Histoire, de la Physique et de l'Astronomie [17], sujets de dessus de porte dont on se propose de faire une tapisserie : c'est un charivari d'enfants. Toile immense, et beaucoup de couleurs.

Je ne sais si M. le professeur Hallé est un grand dessinateur ; mais il est sans génie. Il ne connaît pas la nature ; il n'a rien dans la tête, et c'est un mauvais peintre. Encore une fois, je ne me connais pas en dessin, et c'est toujours le côté par lequel l'artiste se défend contre l'homme de lettres. J'ai peur que les autres ne s'entendent pas plus en dessin que moi. Nous ne voyons jamais le nu ; la religion et le climat s'y opposent. Il n'en est pas de nous ainsi que des Anciens, qui avaient des bains, des gymnases, peu d'idée de la pudeur, des dieux et des déesses faits d'après des modèles humains, un climat chaud, un culte libertin. Nous ne savons ce que c'est que les belles proportions. Ce n'est pas sur une fille prostituée, sur un soldat aux gardes qu'on envoie chercher quatre fois par an, que cette connaissance s'acquiert. Et puis nos ajustements corrompent les formes. Nos cuisses sont coupées par des jarretières, le corps de nos femmes étranglé par des corps, nos pieds défigurés par des chaussures étroites et dures. Nous avons de la beauté deux jugements opposés, l'un de convention, l'autre d'étude. Ce jugement contradictoire, d'après lequel nous appelons beau dans la rue et dans nos cercles ce que nous appellerions laid dans l'atelier, et beau dans l'atelier ce qui nous déplairait dans la société, ne nous permet pas d'avoir une certaine sévérité de goût ; car il ne faut pas croire qu'on fasse comme on veut abstraction de ses préjugés, ni qu'on en ait impunément.

Mais nous voilà loin du professeur Hallé et de ses tableaux. Je laisse là ses deux petites pastorales où il y a la fausseté de Boucher sans son imagination, sa facilité et son esprit, et ses autres petits tableaux, et j'en viens à sa grande composition. C'est un *Saint Vincent de Paul* qui prêche [18]. Quel prédicateur, et quel auditoire !

Le saint est assis dans la chaire. Il a la main droite étendue ; il tient son bonnet carré de la gauche, et il est penché vers son auditoire attentif, mais tranquille. Je voudrais bien que M. le professeur me dît quel est le moment qu'il a choisi. Ce bonnet carré m'apprend que le sermon commence ou qu'il finit ; mais lequel des deux ? Et puis ces deux instants sont également froids. Quand un artiste introduit dans une composition un saint embrasé de l'amour de Dieu et prêchant sa loi à des peuples, et qu'il lui met un bonnet carré à la main, comme à un homme qui entre dans une compagnie et qui la salue poliment, je lui dirais volontiers : Vous n'êtes qu'un plat, et vous vous mêlez d'un métier de génie : faites autre chose. Il n'y a que deux mauvais moments dans votre sujet, et c'est précisément l'un des deux que vous prenez. Il n'était pourtant pas trop difficile d'imaginer qu'au milieu de la péroraison l'orateur eût été transporté, et que son auditoire eût partagé sa passion. Et puis, croyez-vous qu'il fût indifférent de savoir, avant de prendre le crayon ou le pinceau, quel était le sujet du sermon ? si c'était ou l'effroi des jugements de Dieu, ou la confiance dans la miséricorde divine, ou le respect pour les choses saintes, ou la vérité de la religion, ou la commisération pour les pauvres, ou un mystère, ou un point de morale, ou les dangers des passions, ou les devoirs de l'état, ou la fuite du monde ? Ignorez-vous ce que votre orateur dit ? Comment saurez-vous le visage qu'il doit avoir et l'impression qui doit se mêler avec l'attention dans les visages de vos auditeurs ? Ne sentez-vous pas que si le sermon est des jugements de Dieu, votre orateur aura l'air sombre et recueilli, et que votre auditoire prendra le même caractère ; que si le sermon est de l'amour de Dieu, votre orateur aura les yeux tournés vers le ciel, et qu'il sera dans une extase que les peuples qui l'écoutent partageront ; que s'il prêche la commisération pour les pauvres, il aura le regard attendri et touché, et qu'il en sera de même de ses auditeurs ? Allez sous le cloître des Chartreux ; voyez le tableau de la Prédication, et dites-moi s'il y a le moindre doute que le sermon ne soit de la sévérité des jugements de Dieu ? Et où avez-vous pris votre auditoire ? De petites femmes, de jeunes garçons, des sœurs du pot, des enfants, pas un homme de poids. Comme cela est distribué et peint ! C'est un des plus grands éventails que j'aie vus de ma vie. J'en excepte deux figures qui sont à gauche sur le devant ; c'est une femme qui tient son enfant. Elle me paraît si bien peinte, si bien dessinée, de si bon goût ; l'enfant est si bien aussi, que si M. le professeur voulait être sincère, il nous dirait où il a fait cet emprunt. Mais abandonnons le pauvre M. Hallé à son sort, et passons à un homme qui en vaut bien un autre ; c'est Vien. J'observerai seulement, en finissant cet article, qu'à parler à la rigueur, un peintre quelquefois, par un tour de tête particulier, préférera un moment tranquille à un moment agité ; mais à quels efforts de génie ne s'engage-t-il pas alors ? Quels caractères de tête ne faudra-t-il pas qu'il donne à son orateur et à ses auditeurs ? Par combien de beautés, les unes techniques, les autres d'invention et de détail, ne faudra-t-il pas qu'il rachète le choix défavorable de l'instant ? Alors point de milieu : sa composition est plate ou sublime. M. Hallé a choisi l'instant défavorable dans sa *Prédication de saint Vincent de Paul* ; mais sa composition n'est pas sublime.

VIEN.

Vien a de la vérité, de la simplicité, une grande sagesse dans ses compositions ; il paraît s'être proposé Le Sueur pour modèle. Il a plusieurs qualités de ce grand maître ; mais il lui manque sa force et son génie. Je crois que Le Sueur a aussi le goût plus austère.

Zéphyre et Flore [19], morceau de plafond. Ce sont deux figures liées par des guirlandes sur un fond bleu. Le Zéphyre me paraît avoir de la légèreté ; la Flore est une figure muette qui ne me dit rien.

Psyché qui vient avec sa lampe surprendre et voir l'Amour endormi. Les deux figures sont de chair ; mais elles n'ont ni l'élégance, ni la grâce, ni la délicatesse qu'exigeait le sujet. L'Amour me paraît grimacer. Psyché n'est point cette femme qui vient en tremblant sur la pointe du pied ; je n'aperçois point sur son visage ce mélange de crainte, de surprise, d'amour, de désir et d'admiration qui devrait y être. Ce n'est pas assez de me montrer dans Psyché la curiosité de voir l'Amour ; il faut que j'y aperçoive encore la crainte de l'éveiller. Elle devrait avoir la bouche entr'ouverte et craindre de respirer. C'est son amant qu'elle voit, qu'elle voit pour la première fois, au hasard de le perdre. Quelle joie de le voir et de le voir si beau ! Oh ! que nos peintres ont peu d'esprit ! qu'ils connaissent peu la nature ! La tête de Psyché devrait être penchée vers l'Amour ; le reste de son corps porté en arrière, comme il est lorsqu'on s'avance vers un lieu où l'on craint d'entrer et dont on est prêt à s'enfuir ; un pied posé et l'autre effleurant la terre. Et cette lampe, en doit-elle laisser tomber la lumière sur les yeux de l'Amour ? Ne doit-elle pas la tenir écartée, et interposer sa main, pour en amortir la clarté ? Ce serait d'ailleurs un moyen d'éclairer le tableau d'une manière bien piquante. Ces gens-là ne savent pas que les paupières ont une espèce de transparence ; ils n'ont jamais vu une mère qui vient la nuit voir son enfant au berceau, une lampe à la main, et qui craint de l'éveiller.

La Jeune Grecque qui orne un vase de bronze avec une guirlande de fleurs [20]. Le sujet est charmant ; mais qu'exige-t-il ? Une grande pureté de dessin, une grande simplicité de draperie, une élégance infinie dans toute la figure. Je demande si cela y est. De l'ingénuité, de l'innocence et de la délicatesse dans le caractère de la tête. Je demande si cela y est. Toute la grâce possible dans les bras et dans leur action. Je demande encore si cela y est. C'est que c'était là le sujet d'un bas-relief et non d'un tableau.

Je n'ai remarqué ni l'*Hébé* du même peintre, ni la *Musique*, ni ses autres tableaux. Pour son *Saint Germain* [21], qui donne une médaille à sainte Geneviève encore enfant, je crois que celui qui ne voit pas avec la plus grande satisfaction ce morceau, n'est pas digne d'admirer Le Sueur. Rien ne m'en paraît sublime ; mais tout m'en paraît beau. Je n'y trouve rien qui me transporte, mais tout m'en plaît et m'arrête. Il y règne d'abord une tranquillité, une convenance d'actions, une vérité de disposition, qui charment. Le saint Germain est assis ; il est vêtu de ses habits pontificaux. La jeune sainte est à genoux devant lui. Il lui présente la médaille ; elle étend la main pour la recevoir. Derrière saint Germain, il y a un autre évêque et quelques ecclésiastiques ; derrière la sainte, son père et sa mère ; son père qui a l'air d'un bon homme et sa mère pénétrée d'une joie qu'elle ne peut contenir. Entre la sainte et l'évêque, un aumônier en grand surplis, un peu penché, d'un beau caractère, et qui fait le plus bel effet. Autour de l'aumônier, des peuples qui s'élèvent sur leurs pieds et qui cherchent à voir la sainte. La sainte est dans la première jeunesse ; son vêtement est simple, à taille élégante et légère. Ce sont l'innocence et la grâce mêmes ; le vieil évêque a le caractère qu'il doit avoir. Et puis, une lumière douce, diffuse sur toute la composition, comme on la voit dans la nature, large, s'affaiblissant ou se fortifiant d'une manière imperceptible. Point de places luisantes ; point de taches noires ; et avec tout cela une vérité et une sagesse qui vous attachent secrètement. On est au milieu de la cérémonie ; on la voit, et rien ne vous détrompe. Peu de tableaux au Salon où il y ait autant à louer ; aucun où il y ait moins à reprendre. Les natures ne sont ici ni poétiques ni grandes ; c'est la chose même, sans presque aucune exagération. Ce n'est pas la manière de Rubens, ce n'est pas le goût des écoles italiennes, c'est la vérité, qui est de tous les temps et de toutes les contrées.

DESHAYS.

J'avais bien de l'impatience d'arriver à Deshays. Ce peintre est, à mon sens, le premier peintre de la nation ; il a plus de chaleur et de génie que Vien, et il ne le cède aucunement pour le dessin et pour la couleur à Van Loo, qui ne fera jamais rien qu'on puisse comparer au *Saint André* [22] ni au *Saint Victor* [23]de Deshays. Deshays me rappelle les temps de Santerre, de Boulogne, de Le Brun, de Le Sueur et des grands artistes du siècle passé. Il a de la force et de l'austérité dans sa couleur ; il imagine des choses frappantes ; son imagination est pleine de grands caractères ; qu'ils soient à lui ou qu'il les ait empruntés des maîtres qu'il a étudiés, il est sûr qu'il sait se les approprier, et qu'on n'est pas tenté, en regardant ses compositions, de l'accuser de plagiat. Sa scène vous attache et vous touche ; elle est grande, pathétique et violente. Il n'y eut sur le *Saint Barthélémy* qu'il exposa au dernier Salon qu'une seule voix, et ce fut celle de l'admiration. Son *Saint Victor* et son *Saint André* de cette année ne lui sont point inférieurs.

Il y a des passions bien difficiles à rendre ; presque jamais on ne les a vues dans la nature. Où donc en est le modèle ? où le peintre les trouve-t-il ? qu'est-ce qui me détermine, moi, à prononcer qu'il a trouvé la vérité ? Le fanatisme et son atrocité muette règnent sur tous les visages du tableau de *Saint Victor* ; elle est dans ce vieux préteur qui l'interroge, et dans ce pontife qui tient un couteau qu'il aiguise, et dans le saint dont les regards décèlent l'aliénation d'esprit, et dans les soldats qui l'ont saisi et qui le tiennent ; ce sont autant de têtes étonnées. Comme ces figures sont distribuées, caractérisées, drapées ! comme tout en est simple et grand ! l'affreuse, mais la belle poésie ! Le préteur est élevé sur son estrade ; il ordonne ; la scène se passe au-dessous ; les beaux accessoires ! Ce Jupiter brisé, cet autel renversé, ce brasier répandu ! Quel effet entre ces natures féroces ne produit point ce jeune acolyte d'une physionomie douce et charmante, agenouillé entre le sacrificateur et le saint ! À gauche de celui qui regarde le tableau, le préteur et ses assistants élevés sur une estrade ; au-dessous, du même côté, le sacrificateur, son dieu et son autel renversé ; à côté vers le milieu, le jeune acolyte ; vers la droite, le saint debout et lié ; derrière le saint, les soldats qui l'ont amené ; voilà le tableau. Ils disent que le saint Victor a plus l'air d'un homme qui insulte et qui brave, que d'un homme ferme et tranquille qui ne craint rien et qui attend ; laissons-les dire. Rappelons-nous les vers que Corneille a mis dans la bouche de Polyeucte. Imaginons d'après ces vers la figure d'un fanatique qui les prononce, et nous verrons le saint Victor de Deshays.

Son *Saint André* a un genou sur le chevalet, il y monte ; un bourreau l'embrasse par le corps, et le traîne d'une main par sa draperie et de l'autre par les cuisses ; un autre le frappe d'un fouet ; un troisième lie et prépare un faisceau de verges. Des soldats écartent la foule. Une mère, plus voisine de la scène que les autres, garantit son enfant avec inquiétude. Il faut voir l'effroi et la curiosité de l'enfant. Le saint a les bras élevés, la tête renversée, et les regards tournés vers le ciel ; une barbe touffue couvre son menton. La constance, la foi, l'espérance et la douleur sont fondues sur son visage, qui est d'un caractère simple, fort, rustique et pathétique ; on souffre beaucoup à le voir. Une grosse draperie jetée sur le haut de sa tête retombe sur ses épaules. Toute la partie supérieure de son corps est nue par devant : ce sont bien les chairs, les rides, les muscles raides et secs, toutes les traces de la vieillesse. Il est impossible de regarder longtemps sans terreur cette scène d'inhumanité et de fureur. Toutes les figures sont grandes, la couleur vraie ; la scène se passe sous la tribune du préteur et de ses assistants. À droite de celui qui regarde, le préteur dans sa tribune avec ses assistants ; au-dessous, un bourreau et le chevalet ; vers le milieu, de l'autre côté du chevalet, le saint debout, appuyé d'un genou sur le chevalet ; derrière le saint, un bourreau qui le frappe de verges ; aux pieds de celui-ci, un autre bourreau qui lie un faisceau de verges ; derrière ces deux licteurs, un soldat qui repousse la foule : voilà la machine. Il faut voir après cela les détails, les têtes de ces satellites, leurs actions, le caractère du préteur et de ses assistants ; toute la figure du saint, tout le mouvement de la scène. Ma foi, ou il faut brûler tout ce que les plus grands peintres de temples ont fait de mieux, ou compter Deshays parmi eux.

Tout est beau dans le Saint Benoît [24] qui, près de mourir, vient recevoir le viatique à l'autel ; et l'acolyte qui est derrière le célébrant, et le célébrant avec son dos voûté, et sa tête rase et penchée ; et le jeune enfant vêtu de blanc qui est à genoux à côté du célébrant, et le second acolyte qui, placé debout derrière le saint, le soutient un peu ; et les assistants. La distribution des figures, la couleur, les caractères des têtes, en un mot toute la composition me ferait le plus grand plaisir, si le saint Benoît était comme je le souhaite, et, ce me semble, comme le moment l'exige. C'est un moribond, c'est un homme embrasé de l'amour de son Dieu, qu'il vient recevoir à l'autel malgré la défaillance de ses forces. Je demande s'il est permis au peintre de l'avoir fait aussi droit, aussi ferme sur ses genoux. Je demande si, malgré la pâleur de son visage, on ne lui accorde pas encore plusieurs années de vie. Je demande s'il n'eût pas été mieux que ses jambes se fussent dérobées sous lui ; qu'il eût été soutenu par deux ou trois religieux ; qu'il eût eu les bras un peu étendus, la tête renversée en arrière, avec la mort sur les lèvres et l'extase sur le visage, avec un rayon de sa joie. Mais si le peintre eût donné cette expression forte à son saint Benoît, voyez, mon ami, ce qui en serait rejailli sur le reste ! Ce léger changement dans la principale figure aurait influé sur toutes les autres. Le célébrant, au lieu d'être droit, touché de commisération, se serait incliné davantage ; la peine et la douleur auraient été plus fortes dans tous les assistants. Voilà un morceau de peinture d'après lequel on ferait toucher à l'œil à de jeunes élèves, qu'en altérant une seule circonstance on altère toutes les autres, ou bien la vérité disparaît. On en ferait un excellent chapitre de la force de l'unité ; il faudrait conserver la même ordonnance, les mêmes figures, et proposer d'exécuter le tableau d'après différents changements qu'on ferait dans la figure du communiant.

Le *Saint Pierre délivré de la prison* [25] est un morceau ordinaire. La tête du saint est belle ; mais on se rappelle le même sujet peint dans un des tableaux placés autour de la nef de Notre-Dame, et l'on sent tout à coup que le peintre de ce dernier a mieux entendu l'effet des ténèbres sur la lumière artificielle. La lumière de Deshays est pâle et blafarde ; celle de son prédécesseur est rougeâtre, obscure, foncée : on y discerne ces masses de corpuscules qui voltigent dans les rayons, et leurs donnent de la forme. Il y a là plus de silence, plus d'effroi, plus de nuit.

La Sainte Anne faisant lire la sainte Vierge [26] ; ce n'est pas cela. La sainte Anne fait une lecture, et la sainte Vierge l'écoute. Vous ne pouvez pas souffrir les anges à cause de leurs ailes ; moi je suis choqué des mains jointes dans les sujets tirés de l'histoire ancienne sacrée ou profane. Chaque peuple a ses signes de vénération, et il me semble que l'action de joindre les mains n'est ni des idolâtres anciens, ni des Juifs, ni même des premiers chrétiens. J'ai dans la tête que la date des mains jointes est nouvelle.

Le goût de Boucher gagne, surtout dans les petites compositions ; cela me fâche. Voyez les *Caravanes* [27] de Deshays. On dirait qu'il a renoncé à sa couleur, à sa sévérité, à son caractère, pour prendre la touche et la manière de son confrère.

On a placé le *Saint Benoît* de Deshays vis-à-vis du *Saint Germain* de Vien. Au premier coup d'œil on croirait que ces deux morceaux sont de la même main. Cependant, avec un peu d'attention, on trouve plus de douceur dans Vien, et plus de nerf dans Deshays ; mais on reconnaît toujours deux élèves de Le Sueur.

AMÉDÉE VAN LOO [28]

Le *Baptême de Jésus-Christ* [29], la *Guérison miraculeuse de saint Roch* [30] et les *Satyres* [31], sont quatre tableaux d'Amédée Van Loo, autre cousin de notre Carle. Les deux tableaux de la mythologie chrétienne me paraissent mauvais, les deux de la mythologie païenne excellents. Je dirai du *Baptême*, comme j'ai dit du *Sommeil de saint Joseph*, que l'un est un baptême, comme l'autre est un sommeil. Je vois ici un homme qui dort, là un homme à qui l'on verse de l'eau sur la tête ; toute composition dont on s'en tient à nommer le sujet, sans ajouter ni éloge ni critique, est médiocre. C'est bien pis quand on cherche le sujet, et qu'après l'avoir appris ou deviné on s'en tient à dire comme de la *Guérison miraculeuse de saint Roch* : c'est un pauvre assis à terre, vis-à-vis d'un ange qui lui dit je ne sais quoi.

En revanche, les *Deux Familles de satyres* me font un vrai plaisir. J'aime ce satyre à moitié ivre qui semble avec ses lèvres humer et savourer encore le vin. J'aime ses tréteaux rustiques, ses enfants, sa femme qui sourit et se plaît à l'achever. Il y a là dedans de la poésie, de la passion, des chairs, du caractère.

Est-ce que l'idée de ce tonneau percé par l'autre satyre ; ces jets de vin qui tombent dans la bouche de ses petits enfants étendus à terre sur la paille ; ces enfants gras et potelés ; cette femme qui se tient les côtés de rire de la manière dont son mari allaite ses enfants pendant son absence, ne vous plaît pas ? Et puis, voyez comme cela est peint. Est-ce que ces chairs-là ne sont pas bien vraies ? est-ce que tous ces êtres bizarres-là n'ont pas bien la physionomie de leur espèce capripède ?

Il me semble que nos peintres sont devenus coloristes. Les autres années le Salon avait, s'il m'en souvient, un air sombre, terne et grisâtre ; son coup d'œil cette fois-ci fait un autre effet. Il approche de celui d'une foire qui se tiendrait en pleine campagne où il y aurait des prés, des bois, des arbres, des champs et une foule d'habitants de la ville et de la campagne, diversement vêtus et mêlés les uns avec les autres. Si ma comparaison vous paraît singulière, elle est juste, et je suis persuadé que nos peintres n'en seraient pas mécontents.

La couleur est dans un tableau ce que le style est dans un morceau de littérature. Il y a des auteurs qui pensent ; il y a des peintres qui ont de l'idée. Il y a des auteurs qui savent distribuer leur matière ; il y a des peintres qui savent ordonner un sujet. Il y a des auteurs qui ont de l'exactitude et de la justesse ; il y a des peintres qui connaissent la nature et qui savent dessiner ; mais de tous les temps le style et la couleur ont été des choses précieuses et rares. Il est vrai que le sort du peintre ne ressemble pas en tout à celui de l'écrivain. C'est le style qui assure l'immortalité à un ouvrage de littérature ; c'est cette qualité qui charme les contemporains de l'auteur, et qui charmera les siècles à venir. Au contraire la couleur d'un morceau de peinture passe. La réputation d'un grand peintre ne s'étend souvent parmi ses contemporains et ne se transmet à la postérité que par les qualités que la gravure peut conserver [32]. Ainsi le mérite du coloris disparaît. Au reste la gravure ôte quelquefois des défauts à un tableau ; mais quelquefois aussi elle lui en donne. Dans un tableau, par exemple, vous ne prendrez jamais une statue pour un personnage vivant. Elle n'aura jamais l'air équivoque sur la toile ; mais il n'en sera pas de même sur le cuivre.

CHALLE.

Des trois tableaux de Challe, la *Cléopâtre expirante* [33], le *Socrate sur le point de boire la ciguë* [34], et le *Guerrier qui raconte ses aventures* [35], on n'en remarque aucun, et l'on a tort. Le Socrate condamné en vaut la peine autant qu'aucun autre morceau du Salon. Je sais grand gré à notre Napolitain [36] de l'avoir déterré dans le coin obscur où on l'a placé. Il a l'air d'être peint il y a cent ans ; mais il est bien plus vieux encore pour la manière que pour la couleur. On dirait que c'est une copie d'après quelque bas-relief antique. Il y règne une simplicité, une tranquillité, surtout dans la figure principale, qui n'est guère de notre temps. Socrate est nu ; il a les jambes croisées. Il tient la coupe ; il parle ; il n'est pas plus ému que s'il faisait une leçon de philosophie ; c'est le plus sublime sang-froid. Il n'y avait qu'un homme d'un goût exquis qui pût remarquer ce morceau. *Non est omnium.* Il faut être fait à la sagesse de l'art antique ; il faut avoir vu beaucoup de bas-reliefs, beaucoup de médailles, beaucoup de pierres gravées. Socrate est la seule figure très-apparente. Les philosophes qui se désolent sont enfoncés et comme perdus dans un fond obscur et noir. Cela veut être vu de plus près. L'enfant qui recueille sur des tablettes les dernières paroles de Socrate me paraît très-beau, et de caractère, et de couleur, et de simplicité, et de lumière. Cependant il faut attendre que ce morceau soit décroché et mis sur le chevalet pour confirmer ou rétracter ce jugement. S'il se soutient de près, nous nous écrierons tous : Comment est-il arrivé à Challe de faire une belle chose ?

La *Cléopâtre* se meurt, et le serpent est encore sur son sein. Que fait là ce serpent ? Mais s'il eût été bien loin, comme le choix du moment l'exigeait, qui est-ce qui aurait reconnu Cléopâtre ? C'est que le choix du moment est vicieux. Il fallait prendre celui où cette femme altière, déterminée à tromper l'orgueil romain qui la destinait à orner un triomphe, se découvre la gorge, sourit au serpent, mais de ce souris dédaigneux qui retombe sur le vainqueur auquel elle va échapper et se fait mordre le sein. Peut-être l'expression eût-elle été plus terrible et plus forte si elle eût souri au serpent attaché à son sein. Celle de la douleur serait misérable, celle du désespoir commune. Le choix du moment où elle expire ne donne pas une Cléopâtre, il ne donne qu'une femme expirante par la morsure d'un serpent. Ce n'est plus l'histoire de la reine d'Alexandrie, c'est un accident de la vie.

Je ne sais ce que c'est que ce *Guerrier qui raconte ses aventures*, je ne l'ai point vu ; mais je voudrais bien voir de près le *Socrate* condamné.

CHARDIN.

On a de Chardin un *Benedicite* [37], des *Animaux* [38], des *Vanneaux* [39], quelques autres morceaux. C'est toujours une imitation très-fidèle de la nature, avec le faire qui est propre à cet artiste ; un faire rude et comme heurté ; une nature basse, commune et domestique. Il y a longtemps que ce peintre ne finit plus rien ; il ne se donne plus la peine de faire des pieds et des mains. Il travaille comme un homme du monde qui a du talent, de la facilité, et qui se contente d'esquisser sa pensée en quatre coups de pinceau. Il s'est mis à la tête des peintres négligés, après voir fait un grand nombre de morceaux qui lui ont mérité une place distinguée parmi les artistes de la première classe. Chardin est homme d'esprit, et personne peut-être ne parle mieux que lui de la peinture. Son tableau de réception [40], qui est à l'Académie, prouve qu'il a entendu la magie des couleurs. Il a répandu cette magie dans quelques autres compositions, où se trouvant jointe au dessin, à l'invention et à une extrême vérité, tant de qualités réunies en font dès à présent des morceaux d'un grand prix. Chardin a de l'originalité dans son genre. Cette originalité passe de sa peinture dans la gravure. Quand on a vu un de ses tableaux, on ne s'y trompe plus ; on le reconnaît partout. Voyez sa *Gouvernante avec ses enfants*, et vous aurez vu son *Benedicite*.

LA TOUR.

Les pastels de M. de La Tour sont toujours comme il les sait faire. Parmi ceux qu'il a exposés cette année, le portrait du vieux *Crébillon* à la romaine, la tête nue, et celui de *M. Laideguive*, notaire, ajouteront beaucoup à sa réputation [41].

FRANCISQUE MILLET [42].

Je ne sais ce que c'est que le *Saint Roch* [43] de Millet, ni moi ni personne. On a caché le *Repos de la Vierge* [44] dans un endroit opposé au jour, où il est impossible de l'apercevoir ; et c'est vraisemblablement un bon office de M. Chardin, qui a ordonné cette année le Salon. Les petits Paysages de Millet sont confondus avec un grand nombre d'autres du même genre qui ne sont pas sans mérite, et qu'on ne serait ni fâché ni vain de posséder.

BOIZOT [45]

Ah ! monsieur Chardin, si Boizot eût été de vos amis, vous auriez mis son *Télémaque chez Calypso* [46] dans l'endroit obscur à côté du *Repos de la Vierge de Millet*. Imaginez que la scène se passe à table. On ne reconnaît Calypso qu'à une sottise qu'elle fait ; c'est de présenter une pêche à Télémaque, qui a bien plus d'esprit que la nymphe et son peintre, car il continue le récit de ses aventures sans prendre le fruit qu'on lui offre. Pourriez-vous me dire, mon ami, ce qui se passe dans la tête imbécile d'un artiste, lorsque ayant à caractériser une Calypso, il n'imagine rien de mieux que de lui faire faire les honneurs de la table ? Cette pêche présentée au fils d'Ulysse, et le bonnet carré de *Saint Vincent de Paul*, ne sont-ce pas deux idées bien ridicules ?

LENFANT [47].

Les deux dessins de bataille de Lenfant existent là bien clandestinement. Ce sont pourtant les *Batailles de Lawfeld et de Fontenoy* [48]. C'est qu'il n'y a rien de si ingrat que le genre de Van-der-Meulen. C'est qu'il faut être un grand coloriste, un grand dessinateur, un savant et délicat imitateur de la nature ; avoir une prodigieuse variété de ressources dans l'imagination, inventer une infinité d'accidents particuliers et de petites actions, exceller dans les détails, posséder toutes les qualités d'un grand peintre, et cela dans un haut degré, pour contrebalancer la froideur, la monotonie et le dégoût de ces longues files parallèles de soldats, de ces corps de troupes oblongs ou carrés, et la symétrie de notre tactique. Le temps des mêlées, des avantages de l'adresse et de la force de corps, et des grands tableaux de bataille est passé, à moins qu'on ne fasse d'imagination, ou qu'on ne remonte aux siècles d'Alexandre et de César.

LE BEL [49].

Le *Soleil couchant* [50] de M. Le Bel arrêtera l'attention de tous ceux qui aiment le Claude Lorrain. M. Le Bel a très-bien rendu un effet de nature très-difficile à rendre ; c'est l'affaiblissement et la couleur de lumière du soleil, lorsqu'elle s'élance à travers les vapeurs dont l'atmosphère est quelquefois chargée à l'horizon. Le brouillard éclairé est palpable dans ce morceau. Il a de la profondeur ; il s'élève de dessus la toile ; l'œil s'y enfonce. Celui qui a vu une fois le soleil rougeâtre, obscurci, n'éclairant fortement qu'un endroit, se lever ou se coucher par un temps nébuleux, reconnaîtra ce phénomène dans le morceau de M. Le Bel. L'éloge détaillé que nous faisons de son tableau, qui n'a été remarqué par personne, prouvera au moins que nous avons bien plus de plaisir à louer qu'à reprendre.

Je ne sais ce que c'est que la *Petite Chapelle* [51] sur le chemin de Conflans. Pour le morceau où l'on voit l'intérieur d'une cour de village [52], cela est si faible, si uni, si léché, qu'on croirait que c'est une copie. Ce n'est pas là Teniers ; ce n'est pas même notre Genevois. J'aime mieux regarder sa découpure de la basse-cour au travers d'un verre, que le tableau de M. Le Bel. L'un est froid, et l'autre a de l'invention, de la chaleur et du mouvement.

OUDRY [53].

Personne n'a remarqué le *Retour de Chasse* [54] d'Oudry, ni son *Chat sauvage pris au piége* [55]. Le véritable Oudry est mort il y a quelques années. C'était le premier peintre de notre école pour les tableaux d'animaux, et il n'est pas encore remplacé.

BACHELIER.

Vous n'imagineriez jamais que les *Amusements de l'enfance* [56] de Bachelier, c'est cet énorme tableau qui a dix pieds de hauteur sur vingt pieds de long. Il y a des enfants qui grimpent à des arbres ; il y en a qui sont montés sur des boucs, sur des béliers ; il y en a de toutes sortes d'espèces et de couleurs ; mais point de vérité. Ils sont habillés comme jamais des enfants ne l'ont été ; tout cela a un air de mascarade qui fait fort mal avec l'air de paysage et de bergerie. Et puis des chèvres, des brebis, des chiens, des animaux qu'on ne reconnaît point ; une exagération qui tient partout de la bacchanale. Avec tout cela, mon ami, de quoi faire une belle tapisserie. C'est que la tapisserie ne demande pas la même vérité que la peinture ; c'est qu'il faut songer à la durée, à la gaieté d'un appartement, à un autre effet. Aussi les objets sont-ils ici tous détachés les uns des autres ; ce sont des groupes isolés, des masses de couleurs tranchantes sur un fond très-éclairé. Bachelier a de l'esprit, et avec cela il ne fera jamais rien qui vaille. Il y a dans sa tête des liens qui garrottent son imagination, et elle ne s'en affranchira jamais, quelque secousse qu'elle se donne. Si vous causiez un instant avec lui, vous croiriez qu'elle va s'échapper et se mettre en liberté ; mais bientôt vous reconnaîtriez que les liens sont au-dessus des efforts, et qu'il faudra que cela se remue toute la vie, sans se dresser et partir.

Avez-vous jamais rien vu de si mauvais, avec tant de prétention, que ce *Milon de Crotone* [57] ? Premièrement c'est la tête et le bras du Laocoon antique. Mais Laocoon a saisi avec ce bras un des serpents dont il cherche à se débarrasser, et le Milon de Bachelier se laisse bêtement dévorer une jambe par un loup qu'il étranglerait avec sa main libre, s'il songeait à s'en servir. Le Laocoon est dans une situation violente, mais d'aplomb ; et l'on ne sait pourquoi le Milon de Bachelier ne tombe pas à la renverse. Et puis, pour le rendre souffrant, il l'a fait contourné, convulsé, strapassé. Mon ami Bachelier, retournez à vos fleurs et à vos animaux. Si vous différez, vous oublierez de faire des fleurs et des animaux, et vous n'apprendrez point à faire de l'histoire et des hommes.

Sa *Fable du Cheval et du Loup* [58] est fort bien. C'est son grand tableau en encaustique qu'il a réduit et mis à l'huile. Les animaux sont bien, et le paysage a de la grandeur et de la noblesse ; mais l'eau qui s'échappe du pied du rocher ressemble à de la crème fouettée, à force de vouloir être écumeuse.

Son *Chat d'Angora* [59] qui guette un oiseau est on ne peut mieux. Physionomie traîtresse ; longs poils bien peints, etc.

Il y a de l'esprit, du mouvement et de la chaleur dans l'esquisse [60] de la *Descente de Croix*. J'aimerais mieux avoir croqué ces figures-là, où l'on ne discerne presque rien encore que leur action avec l'ordonnance générale, que de m'être épuisé après ce mauvais *Milon de Crotone.*

VERNET.

Les deux *Vues de Bayonne* [61] que M. Vernet a données cette année sont belles, mais il s'en manque beaucoup qu'elles intéressent et qu'elles attirent autant que ses compositions précédentes. Cela tient au moment du jour qu'il a choisi. La chute du jour a rembruni et obscurci tous les objets. Il y a toujours un grand travail, une grande variété, beaucoup de talent ; mais on dirait volontiers en les regardant : « À demain, lorsque le soleil sera levé. » Il est sûr que M. Vernet n'a pas peint ces deux morceaux à l'heure qu'on choisirait pour les admirer. La grande réputation de l'auteur fait aussi qu'on est plus difficile ; il mérite bien d'être jugé sévèrement.

ROSLIN [62].

Le tableau où M. Roslin a peint *le Roi reçu à l'Hôtel de ville de Paris* [63] par MM. le gouverneur, le prévôt des marchands et les échevins, après sa maladie et son retour de Metz, est la meilleure satire que j'aie vue de nos usages, de nos perruques et de nos ajustements. Il faut voir la platitude de nos petits pourpoints, de nos hauts-de-chausses qui prennent la mise si juste, de nos sachets à cheveux, de nos manches et de nos boutonnières ; et le ridicule de ces énormes perruques magistrales, et l'ignoble de ces larges faces bourgeoises. Ce n'est pas qu'un talent extraordinaire ne puisse tirer parti de cela ; car quelle est la difficulté que le génie ne surmonte pas ? mais le génie où est-il ? Le roi et sa suite occupent tout un côté du tableau. C'est d'un côté son capitaine des gardes, de l'autre son premier écuyer, derrière lui M. le Dauphin, M. le duc d'Orléans et quelques autres seigneurs. L'autre côté du tableau est occupé par la Ville et ses officiers. Ce Louis XV, long, sec, maigre, élancé, vu de profil, sur un plan reculé, avec une petite tête couverte d'un chapeau retapé, est-ce là ce monarque que Bouchardon a immortalisé par sa figure de bronze qui sera érigée sur l'esplanade des Tuileries ? Celui de Roslin a l'air d'un escroc qui a la vue basse. Ce n'est pas lui, c'est certainement ce seigneur à large panse qui est si magnifiquement vêtu et qui a la contenance si avantageuse (c'est M. le Premier), qui attire les regards et qu'il faut regarder comme le principal personnage du tableau. Il couvre le roi, qu'on cherche, et qu'on ne distingue que parce qu'il a le chapeau sur sa tête.

Je ne sais si *M. de Marigny* [64] ressemble ; mais on le voit assis dans son portrait, la tête bien droite, la main gauche étendue sur une table, la main droite sur la hanche, et les jambes bien cadencées. Je déteste ces attitudes apprêtées. Est-ce qu'on se campe jamais comme cela ? Et c'est le directeur de nos académies de peinture, sculpture et architecture qui souffre qu'on le contourne ainsi ! Il faut que ni le peintre ni l'homme n'aient vu de leur vie un portrait de Van Dyck ; ou bien c'est qu'ils n'en font point de cas.

Il y a d'autres portraits de Roslin que je n'ai pu regarder après celui de M. de Marigny. On trouve cependant que ce peintre a fait des progrès depuis le dernier Salon, et l'on a fort loué le *Portrait de Boucher* et celui *de sa femme*, qui est toujours belle.

DESPORTES [65].

Vous me permettrez de laisser là le *Chien blanc* [66], les *Déjeuners* [67], le *Gibier* et les *Fruits* de Desportes. Je veux mourir s'il m'en reste la moindre trace dans la mémoire. Puisqu'ils sont là, je les aurai pourtant vus.

DE MACHY [68].

L'*Intérieur de l'église de Sainte-Geneviève* [69], et la *Vue du péristyle du Louvre* [70], sont deux morceaux dont le sujet intéresse. Grâce à M. de Machy, on peut jouir d'avance d'un édifice qu'on élève à si grands frais ; et qui est-ce qui peut se promettre de vivre dix ans qu'on emploiera à l'achever ? Le péristyle du Louvre est un si grand et si beau monument ! On a quelquefois demandé à quoi cette décoration somptueuse était utile. Ceux qui ont fait cette question n'ont pas remarqué qu'elle conduit aux deux pavillons qui sont à ses extrémités, et que les portes de l'appartement du monarque s'ouvrent dans cette galerie. J'avoue que si, au lieu d'ouvrir une porte au-dessous du péristyle, on eût construit un grand et vaste escalier à la place de cette porte, qu'on eût décoré cet escalier comme il convenait, le morceau d'architecture en eût été mieux entendu et plus beau. Mais il ne faut pas l'attaquer du côté de l'utilité : dans les jours de fête, où la cour peut-elle être mieux placée que sous ce péristyle ? S'il faut qu'un monarque se montre quelquefois à son peuple, l'endroit ne doit-il pas répondre, par sa grandeur et par sa magnificence, à un usage aussi solennel ?

Il y a encore de M. de Machy l'*Intérieur d'un temple* [71] et deux petits tableaux de *Ruines* [72]. Ceux-ci et les précédents sont bien peints ; ils font de l'effet. Ce sont des masses qui imposent par leur grandeur ; et le petit nombre de figures que l'artiste y a répandues m'ont paru de bon goût. En général il faut peu de figures dans les temples, dans les ruines et les paysages, lieux dont il ne faut presque point rompre le silence ; mais on exige que ces figures soient exquises. Ce sont communément des gens ou qui passent, ou qui méditent, ou qui errent, ou qui habitent, ou qui se reposent. Ils doivent le plus souvent vous incliner à la rêverie et à la mélancolie.

DROUAIS.

Dans un grand nombre de petites compositions qui ne sont pas sans mérite, on distingue le *Jeune Élève* [73] de M. Drouais. Il était impossible d'imaginer une mine où il y eût plus de gentillesse, de finesse et de malice. Comme ce chapeau est fait ! comme ces cheveux sont jetés ! C'est la mollesse et la blancheur des chairs de son âge. Et puis, une intelligence de la lumière tout à fait rare et précieuse. Cet enfant passe, et regarde en passant ; il va sans doute à l'Académie ; il porte un carton sous son bras droit, et sa main gauche est appuyée sur ce carton. Je voudrais bien que ce petit tableau m'appartînt ; je le mettrais sous une glace, afin d'en conserver longtemps la fraîcheur.

Parmi les portraits de M. Drouais, on a remarqué celui de *M. et de madame de Buffon* [74].

M. JULIART [75].

On ne dit rien des *Paysages* de M. Juliart.

VOIRIOT [76].

On loue un *Portrait de M. Gilbert de Voisins*, peint par Voiriot.

DOYEN.

Mais voici une des plus grandes compositions du Salon : c'est le *Combat de Diomède et d'Énée* [77], sujet tiré du cinquième livre de l'*Iliade* d'Homère. J'ai relu à l'occasion du tableau de Doyen, cet endroit du poëte. C'est un enchaînement de situations terribles et délicates, et toujours la couleur et l'harmonie qui conviennent. Il y a là soixante vers à décourager l'homme le mieux appelé à la poésie.

Voici, si j'avais été peintre, le tableau qu'Homère m'eût inspiré. On aurait vu Énée renversé aux pieds de Diomède. Vénus serait accourue pour le secourir : elle eût laissé tomber une gaze qui eût dérobé son fils à la fureur du héros grec. Au-dessus de la gaze, qu'elle aurait tenue suspendue de ses doigts délicats, se serait montrée la tête divine de la déesse, sa gorge d'albâtre, ses beaux bras et le reste de son corps, mollement balancé dans les airs. J'aurais élevé Diomède sur un amas de cadavres. Le sang eût coulé sous ses pieds. Terrible dans son aspect et dans son attitude, il eût menacé la déesse de son javelot. Cependant les Grecs et les Troyens se seraient entr'égorgés autour de lui. On aurait vu le char d'Énée fracassé, et l'écuyer de Diomède saisissant ses chevaux fougueux. Pallas aurait plané sur la tête de Diomède. Apollon aurait secoué à ses yeux sa terrible égide. Mars, enveloppé d'une nue obscure, se serait repu de ce spectacle terrible. On n'aurait vu que sa tête effrayante, le bout de sa pique et le nez de ses chevaux. Iris aurait déployé l'arc-en-ciel au loin. J'aurais choisi, comme vous voyez, le moment qui eût précédé la blessure de Vénus ; M. Doyen, au contraire, a préféré le moment qui suit.

Il a élevé son Diomède sur un tas de cadavres ; il est terrible. Effacé sur un de ses côtés, il porte le fer de son javelot en arrière. Il insulte à Vénus qu'on voit au loin renversée entre les bras d'Iris. Le sang coule de sa main blessée le long de son bras. Pallas plane sur la tête de Diomède ; elle a un beau caractère. Apollon, enveloppé d'une nuée, se jette entre le héros grec et Énée qu'on voit renversé. Le dieu effraye le vainqueur de son regard et de son égide. Cependant on se massacre et le sang coule de tous côtés. À droite, le Scamandre et ses nymphes se sauvent d'effroi ; à gauche, des chevaux sont abattus, un guerrier renversé sur le visage a l'épaule traversée d'un javelot qui s'est rompu dans la blessure. Le sang ruisselle sur le cadavre et sur la crinière blanche d'un cheval massacré, et dégoutte de cette crinière dans les eaux du fleuve, qui en sont ensanglantées.

Cette composition est, comme vous voyez, toute d'effroi. Le moment qui précédait la blessure eût offert le contraste du terrible et du délicat ; Vénus, la déesse de la volupté, toute nue au milieu du sang et des armes, secourant son fils contre un homme terrible qui l'eût menacée de sa lance.

Quoi qu'il en soit, le tableau de M. Doyen produit un grand effet. Il est plein de feu, de grandeur, de mouvement et de poésie. On a dit beaucoup de mal de sa Vénus ; mais en revanche son fleuve est beau, ses nymphes sont belles. J'ai déjà parlé de la tête de Pallas ; celle d'Apollon est aussi d'un beau caractère. Cet homme traversé du javelot rompu, dont le sang va mouiller la crinière blanche du cheval abattu et teindre les eaux, donne de la terreur. L'attitude de son héros est fière, et son regard méprisant et féroce. On aurait pu lui donner plus de noblesse dans le visage ; rendre ces cadavres fraîchement égorgés, moins livides, écarter la confusion du groupe d'Énée, d'Apollon, du nuage et des cadavres, en y conservant le désordre, et éviter quelques autres défauts qui échappent dans la chaleur de la composition, et qui tiennent à la jeunesse de l'artiste ; mais le génie y est, et le jugement viendra sûrement. Ce peintre sait imaginer, ordonner, composer. La machine est grande ; ses figures se remuent. Il ne craint pas le travail.

On reproche à ses dieux de n'être qu'esquissés ; c'est qu'on n'a pas encore saisi l'esprit de sa composition. Dans son tableau, les dieux sont d'une taille commune et les hommes sont gigantesques. Les premiers ne sont que des génies tutélaires. Il a voulu que ses figures fussent aériennes, et cette imagination me paraît de génie ; seulement il ne l'a pas assez fait sentir. Il fallait pour cela donner à ses dieux encore plus de transparence, plus de légèreté, moins de corps et de solidité ; mais en revanche leur chercher un caractère divin, et les mettre dans une activité incroyable, comme on les voit dans le morceau de Bouchardon, où *Ulysse évoque l'ombre de Tirésias*, et où cette foule de démons étranges accourent à son sacrifice. Vous trouverez dans ces démons à peu près le caractère que Doyen devait donner à ses divinités. Alors plus sa Vénus aurait été aérienne, plus sa Pallas et son Apollon auraient eu de cette nature, plus on aurait été satisfait.

Le peintre a fait sagement de s'écarter ici du poëte. Dans l'*Iliade*, les hommes sont plus grands que nature ; mais les dieux sont d'une stature immense ; Apollon fait en quatre pas le tour de l'horizon, enjambant de montagne en montagne. Si le peintre eût gardé cette proportion entre ses figures, les hommes auraient été des pygmées et l'ouvrage aurait perdu son intérêt et son effet : c'eût été la querelle des dieux et non celle des hommes ; mais ayant à donner l'avantage de la grandeur à ses héros sur ses dieux, que vouliez-vous que le peintre fît de ceux-ci, sinon des génies, des ombres, des démons ? Ce n'est pas l'idée qui a péché, c'est l'exécution. Il fallait racheter la légèreté, la transparence et la fluidité de ses figures, par une énergie, une étrangeté, une vie tout extraordinaire. En un mot, c'était des démons qu'il fallait faire.

Encore un mot sur ce morceau. C'est que dans l'instant choisi par Doyen, il a fallu donner l'air de la douleur à la déesse du plaisir ; c'est qu'après la blessure de Vénus, Diomède est tranquille, c'est que Vénus est hors de la scène. Il ne fallait pas oublier les chevaux d'Énée ; ils étaient d'origine céleste, et par conséquent une proie importante ; Diomède avait recommandé à son écuyer de s'en emparer s'il sortait victorieux du combat.

Avec tout cela, excepté Deshays, je ne crois pas qu'il y ait un peintre à l'Académie en état de faire ce tableau. La *Jeune Indienne de Tangiaor* [78], qui a été amenée en France par un officier français, ne manque pas de beauté avec son teint basané. Doyen l'a peinte dans le costume et avec les ornements du pays ; mais j'aime mieux le profil qu'en a fait M. de Carmontelle, il est plus vrai et plus agréable.

Mais en voilà bien assez sur Doyen. Je ne vous parlerai pas de ses autres tableaux. Je me rappelle vaguement l'*Espérance qui nourrit l'Amour*. Ce tableau m'a paru médiocre.

PARROCEL.

L'*Adoration des Rois* [79] de Parrocel est si faible, si faible, et d'invention, et de dessin, et de couleur ! Parrocel est à Vien ce que Vien est à Le Sueur. Vien est la moyenne proportionnelle aux deux autres. Je demanderais volontiers à M. Parrocel comment, quand on a la composition d'un sujet par Rubens présente à l'imagination, on peut avoir le courage de tenter le même sujet. Il me semble qu'un grand peintre qui a précédé, est plus incommode pour ses successeurs qu'un grand littérateur pour nous. L'imagination me semble plus tenace que la mémoire. J'ai les tableaux de Raphaël plus présents que les vers de Corneille, que les beaux morceaux de Racine. Il y a des figures qui ne me quittent point. Je les vois ; elles me suivent, elles m'obsèdent. Par exemple, ce *Saint Barnabé* qui déchire ses vêtements sur sa poitrine, et tant d'autres, comment ferai-je pour écarter ces spectres-là ? et comment les peintres font-ils ? Il y a dans le tableau de Parrocel un coussin qui me choque étrangement. Dites-moi comment un coussin de couleur a pu se trouver dans une étable où la misère réfugiait la mère et l'enfant, et où l'haleine de deux animaux réchauffait un nouveau-né contre la rigueur de la saison ? Apparemment qu'un des rois avait envoyé un coussin d'avance par son écuyer pour pouvoir se prosterner avec plus de commodité. Les artistes sont tellement attentifs aux beautés techniques, qu'ils négligent toutes ces impertinences-là dans le jugement qu'ils portent d'une production. Faudra-t-il que nous les imitions ? Et pourvu que les ombres et les lumières soient bien entendues, que le dessin soit pur, que la couleur soit vraie, que les caractères soient beaux, serons-nous satisfaits ?

GREUZE.

Il paraît que notre ami Greuze a beaucoup travaillé. On dit que le portrait de *M. le Dauphin* [80] ressemble beaucoup ; celui de *Babuti*, beau-père du peintre, est de toute beauté. Et ces yeux éraillés et larmoyants, et cette chevelure grisâtre, et ces chairs, et ces détails de vieillesse qui sont infinis au bas du visage et autour du cou, Greuze les a tous rendus ; et cependant sa peinture est large. *Son portrait* peint par lui-même a de la vigueur ; mais il est un peu fatigué, et me plaît beaucoup moins que celui de son beau-père [81].

Cette *Petite Blanchisseuse* [82] qui, penchée sur sa terrine, presse du linge entre ses mains, est charmante ; mais c'est une coquine à laquelle je ne me fierais pas. Tous les ustensiles de son ménage sont d'une grande vérité. Je serais seulement tenté d'avancer son tréteau un peu plus sous elle, afin qu'elle fût mieux assise.

Le *Portrait de madame Greuze en vestale*. Cela, une vestale ! Greuze, mon cher, vous vous moquez de nous ; avec ses mains croisées sur sa poitrine, ce visage long, cet âge, ces grands yeux tristement tournés vers le ciel, cette draperie ramenée à grands plis sur la tête ; c'est une mère de douleurs, mais d'un petit caractère et un peu grimaçante. Ce morceau ferait honneur à Coypel, mais il ne vous en fait pas.

Il y a une grande variété d'action, de physionomies et de caractères dans tous ces petits fripons dont les uns occupent cette pauvre *Marchande de marrons* [83], tandis que les autres la volent.

Ce *Berger* [84], qui tient un chardon à la main, et qui tente le sort pour savoir s'il est aimé de sa bergère, ne signifie pas grand'chose. À l'élégance du vêtement, à l'éclat des couleurs, on le prendrait presque pour un morceau de Boucher. Et puis, si on ne savait pas le sujet, on ne le devinerait jamais.

Le *Paralytique* qui est secouru par ses enfants [85], ou le dessin que le peintre a appelé *le Fruit de la bonne éducation*, est un tableau de mœurs. Il prouve que ce genre peut fournir des compositions capables de faire honneur aux talents et aux sentiments de l'artiste. Le vieillard est dans son fauteuil ; ses pieds sont supportés par un tabouret. Sa tête, celle de son fils et celle de sa femme sont d'une beauté rare. Greuze a beaucoup d'esprit et de goût. Lorsqu'il travaille, il est tout à son ouvrage ; il s'affecte profondément : il porte dans le monde le caractère du sujet qu'il traite dans son atelier, triste ou gai, folâtre ou sérieux, galant ou réservé, selon la chose qui a occupé le matin son pinceau et son imagination.

C'est un beau dessin que celui du *Fermier incendié*. Une mère sur le visage de laquelle la douleur et la misère se montrent ; des filles aussi affligées et aussi misérables, couchées à terre autour d'elle ; des enfants affamés qui se disputent un morceau de pain sur ses genoux ; un autre qui mange à la dérobée dans un coin ; le père de cette famille qui s'adresse à la commisération des passants ; tout est pathétique et vrai. J'aime assez dans un tableau un personnage qui parle au spectateur sans sortir du sujet. Ici il n'y a pas d'autre passant que celui qui regarde. La scène est supposée au coin d'une rue. Le lieu en pouvait être mieux choisi. Pourquoi n'avoir pas placé tous ces infortunés sur des débris incendiés de leur chaumière ? J'aurais vu les ravages du feu, des murs renversés, des poutres à demi consumées, et une foule d'autres objets touchants et pittoresques.

Il y a de Greuze plusieurs têtes qui sont autant de petits tableaux très-vrais, entre lesquels on distingue l'*Enfant qui boude* et la *Petite Fille qui se repose sur sa chaise*.

GUÉRIN [86].

Je ne sais ce que c'est que les petits tableaux de M. Guérin.

ROLAND DE LA PORTE [87].

Mais on fait cas d'un *Crucifix* [88] peint en bronze par M. Roland de la Porte, et en effet ce Crucifix est beau. Il est tout à fait hors de la toile. Le bronze s'éclaire d'une manière propre au métal que le peintre a rendu parfaitement ; il y a toute l'illusion possible ; mais il faut avouer aussi que le genre est facile, et que des artistes d'un talent médiocre d'ailleurs y ont excellé. Vous souvenez-vous de deux bas-reliefs d'Oudry sur lesquels on portait la main ? La main touchait une surface plane ; et l'œil, toujours séduit, voyait un relief ; en sorte qu'on aurait pu demander au philosophe lequel de ces deux sens dont les témoignages se contredisaient était un menteur.

Les tableaux de fruits de M. de la Porte ont paru d'une grande vérité et d'un beau fini.

BRIARD [89].

Enfin il y a d'un M. Briard un *Passage des âmes du purgatoire au ciel* [90]. Ce peintre a relégué son purgatoire dans un coin de son tableau. Il ne s'en échappe que quelques figures perdues sur une toile d'une étendue immense : *rari nantes in gurgite vasto*. Pour se tirer d'un pareil sujet, il eût fallu la force d'idées, de couleurs et d'imagination de Rubens, et tenter une de ces machines que les Italiens appellent *opera da stupire*. Une tête féconde et hardie aurait ouvert le gouffre de feu au bas de son tableau ; il en eût occupé toute l'étendue et toute la profondeur. Là, on aurait vu des hommes et des femmes de tout âge et de tout état ; toutes les espèces de douleurs et de passions, une infinité d'actions diverses ; des âmes emportées, d'autres qui seraient retombées ; celles-ci se seraient élancées, celles-là auraient tendu les mains et les bras ; on eût entendu mille gémissements. Le ciel, représenté au-dessus, aurait reçu les âmes délivrées. Elles auraient été présentées à la gloire éternelle par des anges qu'on aurait vus monter et descendre, et se plonger dans le gouffre, dont les flammes dévorantes les auraient respectés. Avant que de prendre son pinceau, il faut avoir frissonné vingt fois de son sujet, avoir perdu le sommeil, s'être levé pendant la nuit, et avoir couru en chemise et pieds nus jeter sur le papier ses esquisses à la lueur d'une lampe de nuit.

SCULPTURE.

Autant cette année la peinture est riche au Salon, autant la sculpture y est pauvre. Beaucoup de bustes, peu de frappants. Les deux premiers sculpteurs de la nation, Bouchardon et Pigalle, n'ont rien fourni. Ils sont entièrement occupés de grandes machines.

LE MOYNE [91].

Par Le Moyne, le buste de Mme de Pompadour, rien ; celui de Mlle Clairon, rien ; d'une Jeune Fille, rien. Ceux de Crébillon et de Restout valent mieux.

FALCONET [92].

Le buste de Falconet [93], médecin, beau, très-beau ; on ne saurait plus ressemblant. Quand nous aurons perdu ce vénérable vieillard, que nous chérissons tous, nous demanderons où est son buste, et nous l'irons revoir. Aussi cette tête-là prêtait bien à l'art. Elle est chauve. Un grand nez ; de grosses rides bien profondes ; un grand front ; de longues cordes de vieillesse tendues du dessous de la mâchoire, le long du cou jusqu'à la poitrine ; une bouche d'une forme particulière et très-agréable. De la sérénité, de l'ingénuité, de la vivacité, de la bonhomie ; tout ce qui fait d'un vieillard de quatre-vingt-dix ans un homme si intéressant, si aimable.

La *Douce Mélancolie* [94], et la *Petite Fille qui cache l'arc de l'Amour*, rien. Deux groupes de *Femmes* en plâtre, pour des chandeliers qui doivent être exécutés par Germain en argent : belles figures, d'un caractère simple, noble et antique. En vérité je n'ai rien vu de Falconet qui fût mieux.

VASSÉ.

Huit ou dix morceaux de Vassé, et pas un qui m'ait frappé. La sculpture n'offrant jamais qu'une figure isolée, ou qu'un groupe de deux ou trois, je crois qu'on y souffre moins encore la médiocrité qu'en peinture. Le buste du Père Le Cointe n'est assurément pas une mauvaise chose, ni la *Nymphe* qui se regarde dans l'eau [95], ni le *Vase* [96], ni les autres morceaux ; mais que m'importe que vous soyez supportable, si l'art exige que vous soyez sublime ?

CHALLE [97].

L'idée et l'exécution du jeune *Turenne endormi sur l'affût d'un canon* me plaisent ; seulement il est mal que l'enfant soit aussi long que le canon.

C'est une fort belle chose que le *Berger Phorbas* qui détache de l'arbre Œdipe enfant, qui y était suspendu par les pieds. L'enfant, ou je me trompe fort, est sublime. Il crie ; il sent le bras qui le secourt ; il le saisit ; il le serre. Il y a une grande commisération sur le visage de Phorbas. Vous me direz qu'il est un peu campé ; mais comme il a de la peine à atteindre de la main la branche où la courroie est nouée, cette contrainte détermine son attitude. J'ai bien un autre petit chagrin ; c'est que son action est équivoque, et qu'on ne sait s'il suspend ou s'il détache. On s'élève également sur la pointe du pied pour suspendre et pour détacher ; on étend également un bras ; on soutient également le corps ; la courroie est également lâche.

Le *Bacchus* nouvellement né, et soustrait par Mercure à la jalousie de Junon, ne me déplaît pas. Le reste est commun.

CAFFIERI [98].

Le buste de Rameau par Caffieri [99] est frappant. On l'a fait froid, maigre et sec, comme il est ; et on a très-bien attrapé sa finesse affectée et son souris précieux.

PAJOU.

Entre plusieurs morceaux de Pajou, aucun qu'on puisse comparer au buste de Le Moyne, qu'il exposa au dernier Salon. Cependant un *Ange* [100] de beau caractère, et deux Portraits en terre cuite qui se font remarquer.

D'HUEZ [101].

Les quatre bas-reliefs d'Huez, représentant huit Vertus qui portent des guirlandes [102], m'ont aussi paru de grand goût. *Et hoc sapit antiquitatem* et de caractère et de draperies.

Peut-être y a-t-il de belles choses et parmi les tableaux dont je ne vous ai point passé, et parmi les sculptures dont je ne vous parle pas : c'est qu'ils ont été muets, et qu'ils ne m'ont rien dit.

GRAVURE.

COCHIN [103].

Le dessin au crayon rouge représentant *Lycurgue blessé dans une sédition* [104] mérite d'être regardé. Le passage subit de la fureur à la commisération dans cette populace effrénée qui le poursuit, est bien rendu. Il y a une diversité étonnante d'attitudes, de visages et de caractères. Cela me semble de grand goût ; c'est un magnifique tableau dans un petit espace. Mais le Lycurgue est manqué ; c'est une figure campée, une jambe en avant et l'autre en arrière. Cette action de montrer du doigt son œil crevé, fût-elle de l'histoire, n'en serait ni moins petite ni moins puérile. Un homme comme Lycurgue, qui sait se posséder dans un pareil instant, s'arrête tout court, laisse tomber ses bras, a les deux jambes parallèles, et se laisse voir plutôt qu'il ne se montre ; toute action plus marquée serait fausse et mesquine. Je suis fâché de ce défaut, qui gâte un très-beau dessin.

M. WILLE [105].

Le burin de M. Wille a conservé à ce Salon [106] la grande réputation dont il jouit.

M. CASANOVE [107].

PEINTRE ITALIEN OU ALLEMAND, NOUVELLEMENT REÇU.

Il me reste à vous dire un mot des morceaux de Casanove ; mais que vous dirai-je de son grand tableau de bataille ? Il faut le voir. Comment rendre le mouvement, la mêlée, le tumulte d'une foule d'hommes jetés confusément les uns à travers les autres ? Comment peindre cet homme renversé qui a la tête fracassée, et dont le sang s'échappe entre les doigts de la main qu'il porte à sa blessure ; et ce cavalier qui, monté sur un cheval blanc, foule les morts et les mourants ? Il perdra la vie avant de quitter son drapeau. Il le tient d'une main ; de l'autre il menace d'un revers de sabre celui qui lui appuie un coup de pistolet pendant qu'un autre lui saisit le bras. Comment sortira-t-il de danger ? Un cheval tient le sien mordu par le cou, un fantassin est prêt à lui enfoncer sa pique dans le poitrail. Le feu, la poussière et la fumée, éclairent d'un côté et couvrent de l'autre une multitude infinie d'actions qui remplissent un vaste champ de bataille. Quelle couleur ! quelle lumière ! quelle étendue de scène ! Les cuirasses rouges, vertes ou bleues, selon les objets qui s'y peignent, sont toujours d'acier ; c'est pour la machine une des plus fortes compositions qu'il y ait au Salon. On reproche à Casanove d'avoir donné un peu trop de fraîcheur à ses vêtements ; cela se peut ; on dit que son atmosphère n'est pas assez poudreuse ; cela se peut ; que les petites lumières partielles des sabres, des casques, des fusils et des cuirasses heurtées trop rudement, font ce qu'on appelle papilloter le tout, surtout quand on regarde le tableau de près ; cela se peut encore ; on dit que cet effet ressemble à celui du plafond de la galerie éclairée par la surface d'une eau vacillante, cela se peut encore. Avec tous ces défauts, c'est un grand et beau tableau, et ceux qui les ont relevés voudraient bien l'avoir fait. Moi, qui aime à mettre les choses en place, je le transporte d'imagination dans un des appartements du château de Potsdam.

Il y a du même peintre quelques petits tableaux de paysages. En vérité cet homme a bien du feu, bien de la hardiesse, une belle et vigoureuse couleur. Ce sont des rochers, des eaux, et pour figures des soldats qui sont en embuscade ou qui se reposent. On croirait que chaque objet est le produit d'un seul coup de pinceau ; cependant on y remarque des nuances sans fin. On dit que Salvator Rosa n'est pas plus beau que cela quand il est beau.

Il y a de lui encore deux batailles en dessin qui ne sont pas déparées par celle qu'il a peinte.

Ce Casanove est dès à présent un homme à imagination, un grand coloriste, une tête chaude et hardie, un bon poëte, un grand peintre.

M. BAUDOUIN [108],

PEINTRE EN MINIATURE NOUVELLEMENT REÇU.

Ce peintre a exposé sur la fin du Salon plusieurs jolis tableaux en miniature : mais ils étaient placés vis-à-vis de la *Bataille* de Casanove ; et le moyen de les regarder ?

RÉCAPITULATION.

Jamais nous n'avons eu un plus beau Salon. Presque aucun tableau absolument mauvais ; plus de bons que de médiocres, et un grand nombre d'excellents. Comptez le *Portrait du Roi* par Michel Van Loo ; la *Madeleine dans le désert*, et la *Lecture* par Carle ; le *Saint Germain* qui donne une médaille à sainte Geneviève, par Vien ; le *Saint André* de Deshays, son *Saint Victor*, son *Saint Benoît* près de mourir ; le *Socrate condamné* de Challe ; le *Bénédicité* de Chardin ; le *Soleil couchant* de Le Bel ; les deux *Vues de Bayonne*, malgré leur peu d'effet ; le *Diomède* de Doyen ; le *Jeune Élève* de Drouais ; la *Blanchisseuse*, le *Paralytique*, le *Fermier brûlé*, le *Portrait de Babuti* par Greuze ; le *Crucifix de bronze* de Roland de la Porte, et d'autres qui ont pu m'échapper ; et cette étonnante *Bataille* de Casanove.

On ne peint plus en Flandre. S'il y a des peintres en Italie et en Allemagne, ils sont moins réunis ; ils ont moins d'émulation et moins d'encouragements. La France est donc la seule contrée où cet art se soutienne, et même avec quelque éclat.

Enfin je l'ai vu, ce tableau de notre ami Greuze ; mais ce n'a pas été sans peine ; il continue d'attirer la foule. C'est *Un Père qui vient de payer la dot de sa fille* [109]. Le sujet est pathétique, et l'on se sent gagner d'une émotion douce en le regardant. La composition m'en a paru très-belle : c'est la chose comme elle a dû se passer. Il y a douze figures ; chacune est à sa place, et fait ce qu'elle doit. Comme elles s'enchaînent toutes ! comme elles vont en ondoyant et en pyramidant ! Je me moque de ces conditions ; cependant quand elles se rencontrent dans un morceau de peinture par hasard, sans que le peintre ait eu la pensée de les y introduire, sans qu'il leur ait rien sacrifié, elles me plaisent.

À droite de celui qui regarde le morceau est un tabellion assis devant une petite table, le dos tourné au spectateur. Sur la table, le contrat de mariage et d'autres papiers. Entre les jambes du tabellion, le plus jeune des enfants de la maison. Puis en continuant de suivre la composition de droite à gauche, une fille aînée debout, appuyée sur le dos du fauteuil de son père. Le père assis dans le fauteuil de la maison. Devant lui, son gendre debout, et tenant de la main gauche le sac qui contient la dot. L'accordée, debout aussi, un bras passé mollement sous celui de son fiancé ; l'autre bras saisi par la mère, qui est assise au-dessous. Entre la mère et la fiancée, une sœur cadette debout, penchée sur la fiancée, et un bras jeté autour de ses épaules. Derrière ce groupe, un jeune enfant qui s'élève sur la pointe des pieds pour voir ce qui se passe. Au-dessous de la mère, sur le devant, une jeune fille assise qui a de petits morceaux de pain coupé dans son tablier. Tout à fait à gauche dans le fond et loin de la scène, deux servantes debout qui regardent. Sur la droite, un garde-manger bien propre, avec ce qu'on a coutume d'y renfermer, faisant partie du fond. Au milieu, une vieille arquebuse pendue à son croc ; ensuite un escalier de bois qui conduit à l'étage au-dessus. Sur le devant, à terre, dans l'espace vide que laissent les figures, proche des pieds de la mère, une poule qui conduit ses poussins auxquels la petite fille jette du pain ; une terrine pleine d'eau, et sur le bord de la terrine un poussin, le bec en l'air, pour laisser descendre dans son jabot l'eau qu'il a bue. Voilà l'ordonnance générale. Venons aux détails.

Le tabellion est vêtu de noir, culotte et bas de couleur, en manteau et en rabat, le chapeau sur la tête. Il a bien l'air un peu matois et chicanier, comme il convient à un paysan de sa profession ; c'est une belle figure. Il écoute ce que le père dit à son gendre. Le père est le seul qui parle. Le reste écoute et se tait.

L'enfant qui est entre les jambes du tabellion est excellent pour la vérité de son action et de sa couleur. Sans s'intéresser à ce qui se passe, il regarde les papiers griffonnés, et promène ses petites mains par dessus.

On voit dans la sœur aînée, qui est appuyée debout sur le dos du fauteuil de son père, qu'elle crève de douleur et de jalousie de ce qu'on a accordé le pas sur elle à sa cadette. Elle a la tête portée sur une de ses mains, et lance sur les fiancés des regards curieux, chagrins et courroucés.

Le père est un vieillard de soixante ans, en cheveux gris, un mouchoir tortillé autour de son cou ; il a un air de bonhomie qui plaît. Les bras étendus vers son gendre, il lui parle avec une effusion de cœur qui enchante ; il semble lui dire : « Jeannette est douce et sage ; elle fera ton bonheur ; songe à faire le sien… » ou quelque autre chose sur l'importance des devoirs du mariage… Ce qu'il dit est sûrement touchant et honnête. Une de ses mains, qu'on voit en dehors, est hâlée et brune ; l'autre, qu'on voit en dedans, est blanche ; cela est dans la nature.

Le fiancé est d'une figure tout à fait agréable. Il est hâlé de visage ; mais on voit qu'il est blanc de peau ; il est un peu penché vers son beau-père ; il prête attention à son discours, il en a l'air pénétré ; il est fait au tour, et vêtu à merveille, sans sortir de son état. J'en dis autant de tous les autres personnages.

Le peintre a donné à la fiancée une figure charmante, décente et réservée ; elle est vêtue à merveille. Ce tablier de toile blanc fait on ne peut pas mieux ; il y a un peu de luxe dans sa garniture ; mais c'est un jour de fiançailles. Il faut voir comme les plis de tous les vêtements de cette figure et des autres sont vrais. Cette fille charmante n'est point droite ; mais il y a une légère et molle inflexion dans toute sa figure et dans tous ses membres qui la remplit de grâce et de vérité. Elle est jolie vraiment, et très-jolie. Une gorge faite au tour qu'on ne voit point du tout ; mais je gage qu'il n'y a rien là qui la relève, et que cela se soutient tout seul. Plus à son fiancé, et elle n'eût pas été assez décente ; plus à sa mère ou à son père, et elle eût été fausse. Elle a le bras à demi passé sous celui de son futur époux, et le bout de ses doigts tombe et appuie doucement sur sa main ; c'est la seule marque de tendresse qu'elle lui donne, et peut-être sans le savoir elle-même ; c'est une idée délicate du peintre.

La mère est une bonne paysanne qui touche à la soixantaine, mais qui a de la santé ; elle est aussi vêtue large et à merveille. D'une main elle tient le haut du bras de sa fille ; de l'autre, elle serre le bras au-dessus du poignet : elle est assise ; elle regarde sa fille de bas en haut ; elle a bien quelque peine à la quitter ; mais le parti est bon. Jean est un brave garçon, honnête et laborieux ; elle ne doute point que sa fille ne soit heureuse avec lui. La gaieté et la tendresse sont mêlées dans la physionomie de cette bonne mère.

Pour cette sœur cadette qui est debout à côté de la fiancée, qui l'embrasse et qui s'afflige sur son sein, c'est un personnage tout à fait intéressant. Elle est vraiment fâchée de se séparer de sa sœur, elle en pleure ; mais cet incident n'attriste pas la composition ; au contraire, il ajoute à ce qu'elle a de touchant. Il y a du goût, et du bon goût, à avoir imaginé cet épisode.

Les deux enfants, dont l'un, assis à côté de la mère, s'amuse à jeter du pain à la poule et à sa petite famille, et dont l'autre s'élève sur la pointe des pieds et tend le cou pour voir, sont charmants ; mais surtout le dernier.

Les deux servantes, debout, au fond de la chambre, nonchalamment penchées l'une contre l'autre, semblent dire, d'attitude et de visage : Quand est-ce que notre tour viendra ?

Et cette poule qui a mené ses poussins au milieu de la scène, et qui a cinq ou six petits, comme la mère aux pieds de laquelle elle cherche sa vie a six à sept enfants, et cette petite fille qui leur jette du pain et qui les nourrit ; il faut avouer que tout cela est d'une convenance charmante avec la scène qui se passe, et avec le lieu et les personnages. Voilà un petit trait de poésie tout à fait ingénieux.

C'est le père qui attache principalement les regards ; ensuite l'époux ou le fiancé ; ensuite l'accordée, la mère, la sœur cadette ou l'aînée, selon le caractère de celui qui regarde le tableau, ensuite le tabellion, les autres enfants, les servantes et le fond. Preuve certaine d'une bonne ordonnance.

Teniers peint des mœurs plus vraies peut-être. Il serait plus aisé de retrouver les scènes et les personnages de ce peintre ; mais il y a plus d'élégance, plus de grâce, une nature plus agréable dans Greuze. Ses paysans ne sont ni grossiers comme ceux de notre bon Flamand, ni chimériques connue ceux de Boucher. Je crois Teniers fort supérieur à Greuze pour la couleur. Je lui crois aussi beaucoup plus de fécondité : c'est d'ailleurs un grand paysagiste, un grand peintre d'arbres, de forêts, d'eaux, de montagnes, de chaumières et d'animaux.

On peut reprocher à Greuze d'avoir répété une même tête dans trois tableaux différents. La tête du *Père qui paye la dot* et celle du *Père qui lit l'Écriture sainte à ses enfants* [110] et je crois aussi celle du *Paralytique*. Ou du moins ce sont trois frères avec un grand air de famille.

Autre défaut. Cette sœur aînée, est-ce une sœur ou une servante ? Si c'est une servante, elle a tort d'être appuyée sur le dos de la chaise de son maître, et je ne sais pourquoi elle envie si violemment le sort de sa maîtresse ; si c'est un enfant de la maison, pourquoi cet air ignoble, pourquoi ce négligé ? Contente ou mécontente, il fallait la vêtir comme elle doit l'être aux fiançailles de sa sœur. Je vois qu'on s'y trompe, que la plupart de ceux qui regardent le tableau la prennent pour une servante, et que les autres sont perplexes. Je ne sais si la tête de cette sœur aînée n'est pas aussi celle de la *Blanchisseuse*.

Une femme de beaucoup d'esprit a rappelé que ce tableau était composé de deux natures. Elle prétend que le père, le fiancé et le tabellion sont bien des paysans, des gens de campagne ; mais que la mère, la fiancée et toutes les autres figures sont de la halle de Paris. La mère est une grosse marchande de fruits ou de poissons ; la fille est une jolie bouquetière. Cette observation est au moins fine ; voyez, mon ami, si elle est juste.

Mais il vaudrait bien mieux négliger ces bagatelles, et s'extasier sur un morceau qui présente des beautés de tous côtés ; c'est certainement ce que Greuze a fait de mieux. Ce morceau lui fera honneur, et comme peintre savant dans son art, et comme homme d'esprit et de goût. Sa composition est pleine d'esprit et de délicatesse. Le choix de ses sujets marque de la sensibilité et de bonnes mœurs.

Un homme riche qui voudrait avoir un beau morceau en émail devrait faire exécuter ce tableau de Greuze par Durand [111], qui est habile, avec les couleurs que M. de Montamy [112] a découvertes. Une bonne copie en émail est presque regardée comme un original, et cette sorte de peinture est particulièrement destinée à copier.

Notes

1. Chez Mme d'Épinay.

2. Tableau de 8 pieds de hauteur sur 10 de largeur ; n° 1. Il y a, à Versailles, n° 2,207, une tapisserie de Cozette, d'après le portrait du roi fait par Michel Van Loo en 1760, après son retour d'Espagne.

3. Jacques Dumont, dit le Romain, né à Paris en 1701, mort en 1781, était recteur de l'Académie.

4. Le traité qui mit fin à la guerre de la Succession fut signé à Aix-la-Chapelle le 18 octobre 1748 et publié à Paris le 12 février 1749. (BR.) — Ce tableau, de 14 pieds de large sur 10 de haut (n° 3), devait être placé dans la grande salle de l'Hôtel de Ville.

5. Tableau de 8 pieds de haut sur 5 de large ; n° 4 ; pour l'église Saint-Louis du Louvre. Nous ne savons ce qu'il devint lors de la démolition de cette église.

6. Tableau de 5 pieds de haut sur 4 de large ; n° 5. Mme Geoffrin possédait neuf tableaux de Carle Van Loo.

7. Tableau de 5 pieds de haut sur 3 de large ; n° 6 ; appartenait à Mme Geoffrin.

8. Tableau d'environ 3 pieds sur 2 pieds 1/2 ; n° 7.

9. Il n'y a aucune indication au livret qui puisse permettre de reconnaître ces Pastorales parmi toutes celles que Boucher a signées.

10. Jean-Baptiste-Marie Pierre, ne à Paris en 1713, élève de Natoire, mort à Paris le 15 mai 1789, était, en 1761, écuyer, premier

peintre de Mgr le duc d'Orléans, professeur depuis 1748.

11. Tableau de 18 pieds de haut sur 10 de large ; n° 11.

12. Tableau de 5 pieds de haut sur 4 de large ; n° 12.

13. Tableau de 3 pieds de haut sur 4 de large ; n° 13. Au Louvre, n° 412.

14. Tableau de 21 pieds de large sur 14 de haut ; n° 10. Appartenait au roi de Prusse.

15. Tableau de 9 pieds de hauteur sur G de largeur ; n° 11. Pour l'église Saint-Louis, à Versailles.

16. Tableau de 5 pieds sur 4 ; n° 15. Actuellement à Versailles, n° 3,875 du Catalogue de M. Eudore Soulié.

17. Tableau de 10 pieds en carré, n° 16. Au roi ; destiné à être exécuté en tapisserie dans la manufacture des Gobelins.

18. Tableau de 11 pieds de haut sur 6 de large ; n° 17. À l'église Saint-Louis, à Versailles.

19. Tableau de 14 pieds de largeur sur 9 pieds 4 pouces de hauteur ; n° 22.

20. Tableau de 2 pieds 9 pouces de haut sur 2 pieds de large ; n° 26.

21. Tableau de 11 pieds de hauteur sur 6 de largeur ; n° 23. Pour l'église Saint-Louis, de Versailles.

22. Tableau de 14 pieds de haut sur 6 de large ; n° 29. Pour l'église Saint-André de Rouen. Aujourd'hui au musée de cette ville ; gravé par Parizeau.

23. Tableau de 10 pieds de haut sur 6 de large ; n° 30.

24. Tableau de 8 pieds de haut sur 6 de large ; n° 32. Aujourd'hui au musée d'Orléans.

25. Tableau de 11 pieds de haut sur 6 de large ; n° 31. Pour Versailles ; gravé par Parizeau.

26. N° 34

27. Deux petits tableaux. Vente Trouard (1779) : 1,507 livres.

28. Charles-Amédée-Philippe Van Loo, fils et élève de Jean-Baptiste Van Loo, né à Turin en 1718, mort en 1790. Il était, en 1761, adjoint à professeur et avait le titre de peintre du roi de Prusse.

29. Tableau de 11 pieds 5 pouces de hauteur sur 7 pieds 4 pouces de largeur ; n° 36. Pour l'église Saint-Louis, de Versailles.

30. Tableau de 8 pieds de haut sur 5 de large ; n° 37.

31. Deux tableaux de chacun 4 pieds pouces de haut sur 3 pieds 6 pouces de large ; n° 38.

32. Voyez le tableau d'Esther et d'Assuérus, peint par Poussin, et le même morceau gravé par Poilly.

33. Tableau de 5 pieds 10 pouces de hauteur sur 5 pieds de largeur ; n° 39.

34. Tableau de 8 pieds de large sur 6 pieds 6 pouces de haut ; n° 40.

35. Paysage de 4 pieds 6 pouces de haut sur 3 pieds 6 pouces de large ; n° 41.

36. Galiani, avec qui Diderot paraît avoir visité assidûment le Salon de 1761.

37. N° 42, Répétition du tableau du Louvre (n° 99), mais avec des changements. Il appartenait à M. Fortier, notaire. Vendu 900 livres à sa vente en 1770. Chardin avait déjà fait une première étude de ce sujet en 1746. Celle-ci paraît être la toile qui a été exposée en 1860, au profit de la Caisse de secours des artistes (Catalogue rédigé par M. Ph. Burty), et qui appartenait alors à M. Eudoxe Marcille ; si ce n'est celle de la collection Lacaze, vendue vente Denon (1826) 219 fr. 95 cent, et vente Saint (1846) 501 fr. Gravé par Lépicié.

38. N° 43. Plusieurs tableaux appartenant à M. Aved, conseiller à l'Académie.

39. N 44. Ils appartenaient à M. Silvestre, maître à dessiner du roi.

40. Connu sous le titre de la Raie : est au Louvre sous le n° 96.

41. Tous les pastels de La Tour étaient réunis au livret sous le même numéro : 47. Le portrait de Crébillon se trouve au musée de Saint-Quentin.

42. Petit-fils (?) du peintre anversois Francisque Millet (1644-1680), mort à Versailles en 1777. Il était académicien en 1761.

43. Tableau de 8 pieds pouces de haut sur 4 de large ; n° 48. Pour l'église Saint-Louis, de Versailles.

44. Tableau de 4 pieds de large sur 3 de haut ; n° 49.

45. Né à Paris en 1702, mort dans la même ville en 1782. Était académicien depuis 1737.

46. Tableau d'environ 3 pieds de large sur 2 pieds 6 pouces de haut ; n° 51.

47. Pierre Lenfant, né à Anet en 1704, mort en 1787 aux Gobe-

lins. Élève de Ch. Parrocel. Académicien en 1745.

48. Ces tableaux, qui étaient autrefois à l'Hôtel de la Guerre à Versailles, sont aujourd'hui au musée de cette ville.

49. Antoine Le Bel (1709-1793) était académicien depuis 1746.

50. Tableau de 4 pieds 4 pouces de large sur 3 pieds pouces de haut ; n° 53.

51. Tableau de 3 pieds 3 pouces de hauteur sur 2 pieds 3 pouces de largeur ; n° 54.

52. N° 55.

53. Jacques-Charles Oudry, fils de Jacques, né à Paris en 1720, mort à Lausanne en 1778, était académicien depuis 1748 et avait le titre de premier peintre du prince Charles de Lorraine.

54. Tableau de 4 pieds sur 3 ; n° 56.

55. Tableau de 3 pieds de large sur 2 pieds 6 pouces de haut ; n° 57.

56. Destiné à être exécuté en tapisserie à la manufacture des Gobelins ; n 58.

57. Tableau de 9 pieds de haut sur 6 de large ; n° 59.

58. Tableau de 3 pieds sur 2 ; n° 64.

59. Ou d'Angola, comme dit le livret ; tableau de 2 pieds sur 18 pouces ; n° 65.

60. En grisaille.

61. N°67 et 68. De la collection des ports de France, nos 602 et 603 du musée du Louvre.

62. Alexandre Roslin, né à Malmoë (Suède) en 1718 (M. Eud. Soulié, Catalogue du Musée de Versailles), mort en 1793 (Jal, Dict. critique de Biographie et d'Histoire) y était académicien depuis 1753.

63. Tableau de 14 pieds de large sur 10 de haut ; n° 70. Pour la grande salle de l'Hôtel de ville. Il a été gravé par Malapau, sur le dessin de Cochin, d'après Roslin.

64. Tableau de 4 pieds 9 pouces de haut sur 3 pieds pouces de large ; n° 71. Si c'est bien ce portrait qui est actuellement à Versailles sous le n °4,417, il a dû subir une sensible réduction dans sa hauteur.

65. Nicolas Desportes, dit le Neveu, né en 1718, élève de son oncle François Desportes et de Rigaud, mort en 1787, était académicien depuis 1757.

66. Un Chien blanc prêt à se jeter sur un Chat qui dérobe du gibier, tableau de 4 pieds sur 3 ; n° 73.

67. Deux tableaux carrés de 2 pieds 10 pouces chacun ; n° 74.

68. Pierre-Antoine de Machy, né à Paris vers 1722, élève de Servandoni, académicien en 1758, mort en 1807.

69. D'après les projets de M. Soufflot. Tiré du Cabinet des Peintres français, appartenant à M. de La Live de Jully. Il a 5 pieds de haut sur 4 pieds de large ; n° 76.

70. Dessin de 19 pouces de haut sur 13 de large ; n° 78.

71. Tableau de 7 pieds de haut sur 5 de large ; n° 77.

72. Du cabinet de M. Dazincourt.

73. N° 83. Du cabinet de M. de Marigny.

74. Ils ne sont point nommés au livret.

75. Nicolas-Jacques Juliart, élève de Boucher, reçu académicien vers 1759. Il y a des paysages de ce peintre au musée Fabre de Montpellier, et à celui de Tours.

76. Guillaume Voiriot, né à Paris, nommé académicien en 1759, était membre de l'Institut de Bologne, de l'Académie de Florence et de celle de Rome.

77. Tableau de 15 pieds 9 pouces de largeur sur 14 de hauteur ; n° 90. Appartenant à M. le prince de Turenne.

78. N°91. Ce tableau appartenait, comme le précédent, à M. le prince de Turenne.

79. Tableau de 8 pieds 9 pouces ; n° 95.

80. Buste de 2 pieds de haut sur 1 pied 6 pouces de large ; n° 96.

81. Ces deux portraits et celui de Mme Greuze (n<up>os 97, 98, 99) étaient de la même dimension, 2 pieds de haut sur 1 pied ½ de large. — Le portrait de Greuze de la collection Lacaze, au Louvre, provenant de la collection de Cypierre, paraît être celui dont il est question ici. Le second portrait de Greuze, appartenant également au Louvre et provenant du cabinet de M. de La Live de Jully, vendu 300 fr. en 1776 à sa vente et acquis en 1820 par M. Spontini pour la somme de 2,000 fr., représente un homme plus âgé que ne l'était alors Greuze. Ce dernier a été gravé dans le Musée français.

82. La Petite Blanchisseuse a été gravée dans l'Histoire des Peintres, article Greuze.

83. Dessin ; n° 105.

84. Tableau ovale, haut de deux pieds ; n° 101.

85. Ce dessin, esquisse de la composition célèbre gravée par Flipart, et qui est aujourd'hui à l'Ermitage, fait partie de la collection de M. Walferdin.

86. Gabriel-Christophe Guérin, mort en 1790 à Kehl (?), était agréé de l'Académie en 1761.

87. Henri-Horace Roland de la Porte, né en 1724, alors agréé, académicien en 1763, est mort le 23 novembre 1793.

88. Tableau de 3 pieds 8 pouces de hauteur sur 1 pied 10 pouces de largeur ; n°109.

89. Gabriel Briard, né à Paris en 1725, élève de Natoire, agréé en 1761, académicien en 1768, mort en 1777.

90. Tableau de 23 pieds de hauteur sur 12 de largeur ; n° 111.

91. Jean-Baptiste Le Moyne, né à Paris le 15 février 1704, élève de son père ; académicien en 1738. Il était, en 1761, adjoint à recteur. Il mourut au Louvre le 24 mai 1778.

92. Étienne-Maurice Falconet, ne à Paris le 1er septembre 1716, élève de Le Moyne, était professeur en 1761 ; il était académicien depuis 1754. Il mourut à Paris le 24 janvier 1791, après avoir passé plusieurs années en Russie.

93. Sous ce titre, au livret : Une Tête, portrait en marbre, de grandeur naturelle.

94. Figure en plâtre, qui devait être exécutée en marbre pour M. de La Live de Jully. Voir le Salon de 1765.

95. Modèle de 5 pieds 2 pouces, qui devait être exécuté en marbre et faire partie de la décoration des salons de M. le duc de Chevreuse, à Dampierre.

96. Morceau de 16 pouces de haut, moulé sur l'original en terre de porcelaine, qui est dans le cabinet de Mgr le duc d'Orléans.

97. Simon Challe, né à Paris en 1720, académicien, mort en 1763.

98. Jean-Jacques Caffieri, né à Paris le 29 avril 1725, élève de Le Moyne, académicien en 1759, mort le 21 juin 1792.

99. Ce buste était au foyer de l'Opéra avant l'incendie. Voyez le Salon de 1765.

100. Ce modèle devait être exécuté pour servir de bénitier dans l'église Saint-Louis de Versailles.

101. Jean-Baptiste d'Huez, reçu à l'Académie le 30 janvier 1763.

102. Décoration d'un piédestal cylindrique sur lequel devait être placée une urne funéraire.

103. Charles-Nicolas Cochin, né à Paris le 22 février 1715, académicien en 1751, mort à Paris le 29 avril 1799.

104. Ce dessin, qui fut alors regardé comme un chef-d'œuvre (Voyez Mercure de France, 16 octobre 1761), était le morceau que l'artiste devait à l'Académie pour sa réception. Il appartient au Louvre.

105. Jean-Georges Wille, né aux environs de Kœnigsberg en 1715, académicien, mort en 1808 à Paris.

106. Il avait gravé le portrait de M. de Marigny, d'après Tocqué.

107. François Casanova, né à Londres en 1730. Reçu à l'Académie en 1763, mort à Brühl (Autriche) en mars 1805. Il n'est point porté au livret de cette année 1761.

108. Pierre-Antoine Baudouin, né à Paris en 1723, académicien en 1763, mort en 1769.

109. Il s'agit de l'Accordée de village, dont on connaît plusieurs répétitions, et qui a été gravée par Flipart. Commandé par Randon de Boisset, qui le céda au marquis de Marigny, moyennant la somme de 9,000 livres, ce tableau fut acheté en 1782 à la vente de ce dernier par Joullain 16,650 livres pour le Cabinet du Roi. Il se trouve actuellement sous le n° 260 de l'École française au musée du Louvre.

110. Ce tableau avait été exposé en 1755, lorsque Diderot n'avait pas encore pris la plume de critique d'art et suivait les Salons en simple amateur, sous la conduite de Grimm. Malgré ses sympathies pour Greuze, on voit que Diderot sentait bien son principal défaut, qui est le manque de variété dans l'invention de ses figures. Nous avons tenu à insister, dès le début, sur ces réticences qu'on a trop souvent oublié de remarquer et qui, quoique exprimées avec une grande délicatesse et d'une façon le plus souvent détournée, ramènent les enthousiasmes du critique à leur juste mesure.

111. On manque de renseignements sur cet artiste.

112. Voyez la note, p. 60 ci-dessus, et plus loin les extraits de l'ouvrage de M. de Montamy, qui appartiennent à Diderot comme éditeur.

ISBN : 978-1546937883